ようこそ建築学科へ！

建築的・学生生活のススメ

監修／五十嵐太郎
編著／松田達・南泰裕・倉方俊輔・北川啓介

学芸出版社

はじめに

建築学科にようこそ。

本書は学部生のためのオリエンテーション・ブックである。とはいっても、履修の方法を説明する堅苦しいものではない。建築を学ぶとはどういうことなのか、普段の日常生活で心がけるべきこと、学外の活動などを幅広く紹介するものだ。大学の公式のオリエンテーションでは説明されないことが満載である。したがって、建築の学生、あるいは進学を考えている高校生に読んでもらいたい。ただ、筆者は一九八〇年代の後半に学部生だったが、当時は建築の勉強よりも、バンドを一生懸命やっていたから、あまり偉そうなことは言えない。今にして思えば、もっとちゃんとやっておけば良かったと後悔することばかりだ。とはいえ、大学で教えるようになって一〇年、現場で様々な学生を見てきた。アドバイスできることは多い。本書は学芸出版社の井口夏実さんの依頼を受けて、筆者を含む建築系ラジオのメンバーが各章ごとのコーディネーターとなって企画された。なお、建築系ラジオとは、学生向けにネットで音声配信するメディアである。

本書の構成を説明しよう。一章の「学科紹介」は、まずは入り口として、そもそも建築系の学科がどのようなところなのかを解説している。第二章の「授業・課題」は、一年から四年まで、学年ごとにどのような建築のつきあい方があるかのガイダンスだ。三章の「日常生活」では、アルバイト、部活、暮らし方、デートなど、学外の出来事を取り上げる。四章の「建築体験」は、街歩きや旅行に始まって、有名建築、団地、土木、住宅展示場などの楽しみ方だ。本物の建築は現地にしかないから、体験するには自ら足を運ぶしかない。五章の「課外授業」では、ネット、コンペ、オープンデスク、イベントなど、やはり授業以外で建築に取り組むことができるトピックを扱う。そして六章の「将来設計」は、建築家や研究者など、進路についてである。また各章の間には、若い人による現場の声として「在校生・卒業生メッセージ」と、現在活躍している建築家に学生の頃のエピソードをうかがう「先輩建築家インタビュー」を挟んだ。

本書が様々な可能性にあふれた学生生活の手助けになれば、幸いである。

五十嵐太郎

目次

CHAPTER 1
学科紹介

学科紹介 11
建築学科で学ぶこと 12
建築の周辺学科 14
女子大の建築学科 16
工学部で学ぶ建築、芸大で学ぶ建築 18
高専という選択 20
専門学校で学ぶ建築 22
地方で学ぶ?　都心で学ぶ? 24
文系学部からの転向 26
社会人学生になる 28
建築学科で取れる資格 30
建築士の資格について 32
先輩建築家インタビュー
まわりの評価より、自分の興味を突き詰めよう **佐藤光彦** 34
在校生・卒業生メッセージ
私が建築学科を選んだきっかけ 40

CHAPTER 2
授業・課題

授業・課題 41
入学したら
一般教養、外国語の学び方 42
建築学科の必須科目 44
教科書との出会い 46
知っておきたい建築家 48
眠い授業の楽しみ方 50
少し慣れてきたら
建築雑誌の読み方 52
図書館・書店を活用せよ 54
全ての課題には背景がある 56
先輩や友達を手伝おう 58
建築学生必携ガジェットはこれだ 60

専門科目が始まったら
設計課題の苦手意識をなくそう 62
構造を学ぼう 64
設備を学ぼう 66
講評会、こう準備すれば怖くない 68
コンピュータは設計にどう活かせるか 70

卒業が近づいたら
ゼミ選びはビビビッで 72
院試が近づいてきたら 74
卒業論文の極意 76
卒業設計の極意 78
留学って難しいの? 80

先輩建築家インタビュー
心に残る授業、座右の教科書 **乾久美子** 82

在校生・卒業生メッセージ
思い出の課題——自分の武器をつくるための演習 88

CHAPTER

3 日常生活

89
一人暮らし? 実家暮らし? 90
シェアハウスに住んでみよう 92
自炊をしよう 94
体育会系部活との両立 96
建築女子学生の日常生活 98
飲めても飲めなくても、お酒は楽しく 100
建築人らしいファッション 102
恋をしよう 104
デートをしよう! 106
接客業のススメ 108

先輩建築家インタビュー
大学の外に刺激を求めた学生生活 **永山祐子** 110

在校生・卒業生メッセージ
徹夜の輝き 116

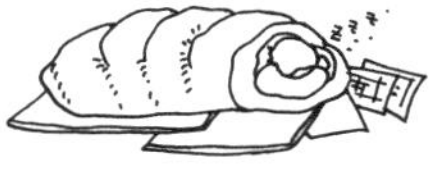

CHAPTER

4 建築体験

建築体験 117
身近にある街建築を「読む」 118
写真を撮ると、建築がよく見える 120
オープンハウスに行こう 122
住宅展示場のススメ 124
団地の楽しみ方 126
日常生活に「ドボク」の楽しみを 128
建築のエネルギーを見てみよう 130
建築をインテリアから楽しもう 132
夏休みは建築巡礼旅行 134
集落を訪ねてみよう 136
見ておきたい日本建築 138
一生ものの建築体験 140
施工現場を体験してみよう 142
先輩建築家インタビュー
一歩、外へ出よう——体験から学べること **西田司** 144
在校生・卒業生メッセージ
私たちの施工体験 150

CHAPTER

5 課外授業

課外授業 151
ネットの使い方 152
物と向き合う 154
観るべき映画／読むべき漫画 156
音楽から学べること 158
学外の講評会に参加しよう 160
レクチャーに行ったら懇親会にも出よう 162
勉強会なんかは、絶対にやらない方がいい 164
イベントを起こそう 166
同人誌をつくろう 168
オープンデスクに行こう 170
海外インターンのススメ 172
コンペに応募しよう 174
ポートフォリオは建築家のはじまり 176
先輩建築家インタビュー
批評されることで成長する **大西麻貴** 178
在校生・卒業生メッセージ
私のコンペ体験 184

CHAPTER

6 将来設計

将来設計 185
建築学生の武器とは 186
歴史を知り未来をつくる、建築家 188
構造家の使命 190
設備家に寄せられる期待 192
研究職の役割 194
組織事務所で働く醍醐味 196
地方で働く魅力 198
建築と不動産をつなぐ新領域 200
建築を伝える、ジャーナリストの仕事 202
建築と人をつなぐ、まちづくりの仕事 204
先輩建築家インタビュー
建築家成り上がり **山田幸司** 206
在校生・卒業生メッセージ
私の将来設計 212

1

CHAPTER

学科紹介

建築を学ぶ際の、まず最初の大きな決断は、学校を選ぶこと。でも、実はその入り口は一つではない。建築学科以外に、各種の建築系の学科、高専、専門学校、文系からの転向、社会人学生等、様々だ。ここでは建築を学ぶいろいろな道筋、またそこで学ぶこと、あるいはどんな資格につながるかも紹介する。（五十嵐太郎）

建築学科で学ぶこと

日本の場合、一般的に建築学科は工学部に所属するが、最も人間に近い工学と言えるだろう。なぜなら、地震に壊れない構造や、省エネに貢献する空調や熱環境等、いかにも理系的なテーマも学ぶのだが、芸術的な感性を要求されるデザイン、施設のなかにおける人のふるまいを考慮する計画学に加え、建築の歴史学まで含んでいる。おそらく、工学において人文の分野に近い歴史学も入っているのは、建築学科だけだろう。通常の工学は日進月歩でどんどん改良されていくが、建築は最新のものがいつも最高とは限らない。現代のビル、中世の大聖堂、海辺の集落、建築はそれぞれに異なる価値を有している。建築は純粋な芸術ではない。純粋な技術でもない。時代の動きを反映した社会的な存在である。そこに芸術や技術の要素が複雑に絡む。だから、人間的な工学である。同じ学問とは思えないほど、いろいろな要素を抱え込む不純さこそが（よい意味で）、建築学科の特徴だ。

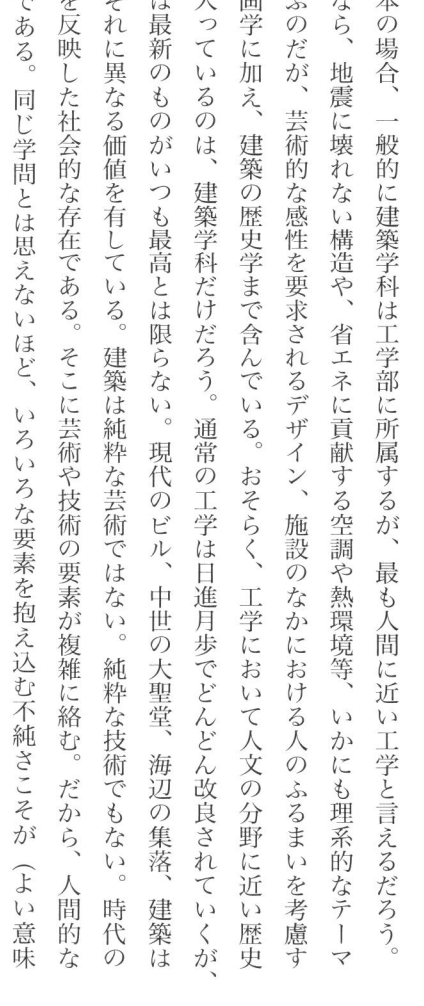

古代ローマの建築家ウィトルウィウスは、建築が強・用・美の要素を持つと記し、建築家は医学、天文学、法律、歴史、哲学、音楽等多くの教養が必要だと述べていた。「建築」という言葉は、「ARCHITECTURE」の翻訳語として明治時代に定着したものだが、語源をたどると、様々な技術を統合することを意味する。富国強兵を目指した近代日本は工学部のなかに建築を位置づけたが、海外では建築学部として独立していたり、芸術の分野に入っていることは少なくない。ともあれ、建築は、あらゆることが学びの契機になりうる。大学の講義や設計課題だけではなく、普段、街を歩いたり、旅行に出かけたり、余暇で遊ぶこと等、生活の全てを建築の立場から考えることができる。それを面倒と思う人もいるかもしれない。だが、建築を学ぶと、なんでも楽しめる。これは一生ものだ。

大学では、まず図面の描き方を学ぶはずだ。が、教養を専門と関係ないからといって、おろそかにしない方がいい。やがて設計課題に取り組むと、住宅から始まり、公共施設、そして卒業時には自分で自由に課題が設定できる卒業設計が待っている。プレゼンテーションのテクニックは、建築以外の道に進んでも社会で役立つだろう。また高学年になると、就活、あるいは院試をこなしながら、特定の先生の研究室に所属し、ゼミを通じて専門的なテーマを学ぶ。卒業論文を書く場合、学期末のレポートとは違い、先生や院生の指導を受けながら、研究をまとめる。おそらく、あっという間に四年は過ぎるだろう。

五十嵐太郎（いがらし たろう） 1967年生まれ。建築批評家、建築史家。東北大学大学院教授。東京大学工学部建築学科卒業。東京大学大学院修士課程修了。博士（工学）。ヴェネチアビエンナーレ国際建築展2008日本館コミッショナー。あいちトリエンナーレ2013芸術監督。著書に『現代日本建築家列伝』『被災地を歩きながら考えたこと』『映画的建築/建築的映画』等。得意科目／建築史。苦手科目／建築構造。バイト経験／家庭教師、ファストフード店、模型制作。

建築の周辺学科

大学には建築学科の周辺というべき、関連あるいは補完するような学科が存在する。工学部では、建築学科はときどき土木とセットになっており、二年生の時にどちらかを選択するようなケースもなくはない。いずれも構築物をつくる学問だが、両者の内容はかなり違う。土木は橋梁、ダム、堤防等の巨大な構築物を扱い、そこで人が暮らしたり、生活するようなモノを扱わない。また仕事の施主も、建築がしばしば民間や個人であるのに対し、土木の場合、おおむね行政が発注者となる。土木は建築学科に比べると、工学的な色彩が強く、デザインの課題もわずかだ。むろん、西村浩氏のように、土木出身ながら活躍する建築家も登場している。だが、二〇〇五年に耐震偽装の問題が起きた後、一級建築士の資格をとる場合、大学の時に受講すべき講義が細かく規定されるようになり、他学科の出身だとハードルが以前より高くなった。したがって、将来、一級建築士を目指す場合は、建築学科の方が無難だろう。

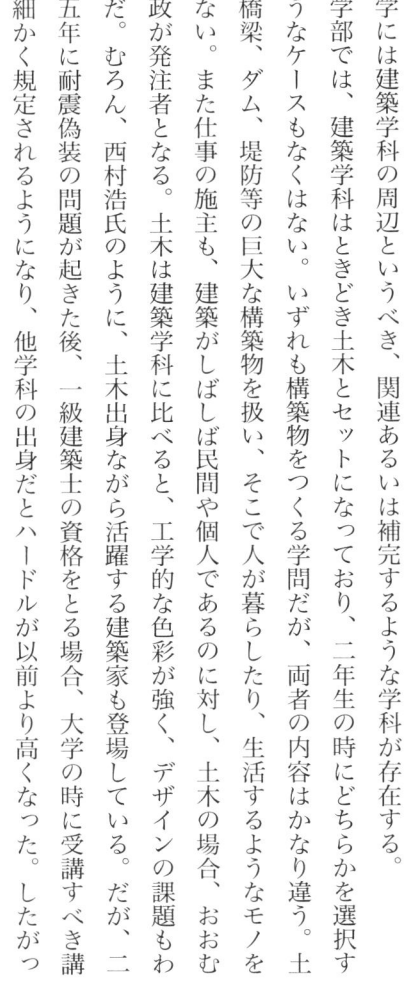

住居学科は基本的に女子大学に設置されているが、必ずしも住宅だけを扱うのではなく、建築学科と同様のプログラムを持つことが多い。都市計画の学科は、あまり多くないが、建築よりも上流にあたる都市や農村の地域全体のデザインを扱うため、建物個別の設計を学ぶことはない。最近登場しているまちづくり学科やコミュニティデザイン学科は、市民と地域の関係性により焦点を当てる。農学部の造園学科は建築の外構にあたる部分から、公園や地域の計画・設計までを総合的に扱い、ランドスケープデザインとも呼ばれる。インテリアデザイン学が扱うのは、建物の内側、すなわち内装である。もっとも、建築学科からも、ランドスケープデザインやインテリアデザインを行う人を輩出している。また不動産学科は、文字通り、不動産の企画やマネジメントについて学ぶ。

ややこしいのは、近年、学科名の変更がよく行われていることだ。たとえば、「土木」という名前だと学生が集まりにくく、「都市」「社会」「環境」等の言葉で看板を変えている。他の学科でも、「生活」「空間」「情報」「感性」等が流行のキーワードだ。したがって、以前に比べて、学科名を見ただけでは、似たような名前が乱立し、何を行うのかがわかりにくくなっている。とはいえ、名称変更に伴い、教員を大きく変えているわけではないから、大学の公式ホームページ等で、講義の内容や教員の専門をチェックするのが望ましい。つまり、名称だけからイメージで判断しない方がよいだろう。

五十嵐太郎（いがらし たろう） 1967年生まれ。建築批評家、建築史家。東北大学大学院教授。東京大学工学部建築学科卒業。東京大学大学院修士課程修了。博士（工学）。ヴェネチアビエンナーレ国際建築展2008日本館コミッショナー。あいちトリエンナーレ2013芸術監督。著書に『現代日本建築家列伝』『被災地を歩きながら考えたこと』『映画的建築/建築的映画』等。得意科目／建築史。苦手科目／建築構造。バイト経験／家庭教師、ファストフード店、模型制作。

女子大の建築学科

非常勤でいらしていただいている男性教員諸氏が、初回に一様に口にする言葉がある。「すごい緊張した!」「一度、入ってみたかった!」。ここはどこでしょう? そう、女子大。考えてみるとこれほど禁断の場所が、まだ、あるという事実をいつも再確認させられる瞬間である。

さて、しかし、男性教員諸氏も女子大入構、数回目となると特段何事もなくやって来られるようになる。と、まあ、禁断の花園(?)もこの程度のことである。

多くの場合、古典的には女子大=「良妻賢母」を育てるといったイメージがあったように思うが、実態はどうなのか?

現在建築が学べる女子大の多くは、もともとは家政系をベースとして発展してきたことから考えると、「良妻賢母」的気風が残っているのかもしれないが、私見では、男女雇用機会均等法が施

行された一九八六年頃から女性の社会進出が促進されたことに伴い、資格志向が強まり、女子大も変化してきたように感じている。

男女雇用機会均等法施行前からバブル期頃までは、短大花盛りで、「寿退社」が女の花道。四年生女子はすでに年増で、就活していても遠慮される傾向にあったことを思い出す。バブル崩壊後、一九九〇年代の半ば頃から事態は逆転し、四年生の進学率が短大を上回ったあたりから、「良妻賢母」より「就職率」が問われるようになってきた。

こうした時代の流れのなかでの女子大の建築系。

思えば、かつて一級建築士の受験資格が取得できるようになっても女子大は実務年限三年で、通常の実務年限二年と差別化されていた。現在は、実務二年で同等。授業内容も構造や設備等も工学部系と変わらず、住居やインテリア系科目等むしろ＋αの特色ある科目も用意されている。

当然だが、違うのは建築学生が皆女子であること。冷静に考えてみると異様な感じであるが、これも慣れなのか、特に何の問題もなく日々過ぎてゆく。何事も女子だけで行うのが通常ゆえ、力仕事から仕切り役まで何でもこなし、かえって男前女子発生率は高く、気質も前向き、サバサバ、元気印、みたいな方が多いように思う。卒計提出前ともなると、(化粧する時間も惜しみ？)スッピン率も上がり、色気より食い気？と、ここまで書いてしまうと最後の「花園」の妄想は完膚なきまでに消滅しますね（他の女子大は異なるかもしれません。あくまでも私見)。

杉浦久子（すぎうら ひさこ）1958年生まれ。建築家。昭和女子大学大学院教授。昭和女子大学卒業。同助手。早稲田大学大学院（建築)、仏国立建築学校修了。仏国政府公認建築家資格取得。作品に〈雪ノウチ〉〈山ノウチ〉大地の芸術祭／〈蚊帳のウチ〉SDレビュー／〈海月〉六本木アートナイト／〈仙台メディアテーク設計競技案〉等。得意科目／設計製図、美学。苦手科目／構造。バイト経験／国内外設計事務所他。

工学部で学ぶ建築、芸大で学ぶ建築

工学部で学ぶ建築と芸大で学ぶ建築。両者の違いは何だろうか。

工学部は技術＝テクノロジーの側面から、芸大だとアートやデザインの側面から建築を学ぶというイメージだ。それを具体的なポイントごとに見ていこう。

建築専門科目のカリキュラムを比べると両者に大きな違いはない。卒業後建築関連の仕事につくと、建築士の資格が必要になる場面が多いが、その受験資格要件として必要な科目を国土交通省が指定しているからだ。芸大にも構造、設備や材料系の科目は普通にある。

異なるのは、建築の科目よりも学科を超えた共通科目（一般教養科目とも言う）である。芸大で開設している共通科目は芸術系の解像度が高く、講義も充実している。たとえば歴史なら、時代や地理別に美術史やデザイン史の科目が多数開かれ、建築史と同時に講義を受けられる。近代建築の潮流に興味があれば、近代デザインや近代美術と関連させて学ぶことができる。工学部の共通科目は、大学にもよるが、数学や物理等の自然科学系に接する比重が大きい。

大学内での建築の位置づけから見ると、工学部において建築の「お隣」の分野は土木や都市系だが、芸大においてはプロダクトやランドスケープ等のデザイン領域である。お隣が何をしているか詳細はわからなくても、空気は何となく伝わってくるからその影響は意外に大きいはずだ。

専任教員の専門分野は、芸大では建築の計画、設計、歴史やまちづくり等。工学部で専任教員が教えている構造や設備、材料等の科目は、芸大では非常勤講師が担当していることが多い。卒業年次に所属する研究室（専任教員の研究活動の拠点）も、計画・歴史・意匠系は両方にあるが、構造・設備・材料系がそろうのは工学部に限られる。

卒業年次の学生には論文と設計が課される（両方か選択かは大学による）が、芸大では設計（作品）で出る学生が圧倒的に多いのに対し、工学部では論文が多数派である。エンジニアリング系のみならず歴史や計画系の研究室でも論文を重視するためである。また社会に出たあとの友人のネットワークは、工学部では建築界のなかで多方面に、芸大では建築をはじめデザインの諸分野にわたる。

建築デザイン（企画、計画、設計）志向の人にとって、工学部か芸大かは迷うところかもしれない。エンジニアリングとデザインの統合を学ぶ工学部か、設計（作品）を通じた実践を通して学ぶ芸大か。迷ったら大学を訪問してみよう。

高橋晶子（たかはし あきこ） 1958年生まれ。建築家。武蔵野美術大学教授。京都大学卒業、東京工業大学大学院修了。篠原一男アトリエ勤務を経て、1988年ワークステーション共同主催。得意科目／構造デザイン。苦手科目／法規。バイト経験／設計事務所で模型作成、都市計画事務所で資料作成。

高専という選択

高専建築学科に入学することは一五歳の春に自分の人生の方向を決めるということだ。

そもそも高専とは国立工業高等専門学校（National College of Technology）の略で、高校三年＋大学教養課程二年の計五年の間に専門的な勉強をする高等教育機関の一つである。今から半世紀ほどの前の高度経済成長の時代（一九六四年の東京オリンピックの頃）に、地域のニーズに即し、産業発展を担う即戦力の育成を目的として設立され、現在では全国に五〇を越える数の高専がある。そのなかでも建築学科を構える高専は少数だが、ここを卒業すると二級建築士の受験資格が得られ、高専のなかに設けられた専攻科（大学院的なコース）に進学して大卒資格を得ることも可能だ。

高専建築学科で行われている授業内容は、大学の建築学科のそれとほとんど同じで、大学へ編入した者はもう一度各科目をおさらいし、卒業論文（もしくは卒業設計）を再び経験することに

なる。また高専建築学科の卒業生の半数が大学へ編入し、半数が就職するようだ。かつての高専OBが極めて優秀だったことも幸いし、大手ゼネコンや電力・ガス企業、地方自治体といった人気就職先に恵まれている。地方の私大建築学科と比べてもおそらく相当有利ではないか、と推測される。また編入試験もよほど簡単なのか、それとも学生数を増やしたいのか、比較的有名な国立大学、私立大学にもたくさんの学生が編入している。

ここまでよいことばかり書いたが、大学四年間で勉強する内容を高校からの五年間で消化することは思いのほか大変なことだ。また普通高校のような模擬試験や大学受験もないので、井のなかの蛙になりがちである。そして何より難しいのは、一五歳の春に決めた自分の人生の方向を見失わないことだ。筆者の見たところ、多くの学生が半年か一年で建築へのモチベーションを見失っている。この現象は高専・大学共通であろうし、その責任は教官側にもある。

しかし、自分の決めた方向が揺らいで建築をやめたくなった時、思い出してほしいのは、建築という分野は想像以上に幅が広く、奥行きが深いということだ。言い換えれば、収入の高低を抜きにすれば、学生のどんな希望にも該当する専門職が存在する。そして「才能の有無や学校の優劣に関わらず、何がやりたくて、どれくらい努力しているか」だけが問題となる。この一点において、高専・大学を問わず、教官・学生を問わず、建築に携わる者は皆平等に日々試されているのである。

豊川斎赫（とよかわ さいかく） 1973 年生まれ。建築家。建築史家。国立小山高専准教授、芝浦工業大学大学院非常勤講師。東京大学大学院修了。日本設計を経て、現職。得意科目／設計製図。苦手科目／建築計画学。バイト経験／せんだいメディアテーク現場事務所にて模型制作。

専門学校で学ぶ建築

専門学校は、大学に行けなかった人が行く学校ではない。大学に進学できる学力があっても、明確な目的意識を持って積極的に専門学校に進学してきた学生が多いのも現実である。

では、大学と専門学校の学びは何が違うのか。私が感じている大きな違いは、実社会との距離である。大学・大学院で学んだ自身のことを振り返ると、学内での学びのなかに社会との関係、こと建築業界との関係を見出すことは難しかった。建築士の受験資格を取るために必要な座学はあくまでも試験のためのものに思え、実社会でどういう意味を持つのか想像もつかなかった。少しでも業界のことを知るために、建築家の講演会を聴きにいったり、ゼネコンや設計事務所でバイトをしたりと、自分で積極的に動けばある程度の情報は得られたが、それでも今思うと知らないことが多いまま卒業を迎えていた。

しかし、私が今所属している専門学校では、教員は非常勤も含めほとんどが実務経験者であり、

業界で働きながら教鞭もとっている。そのことで、単なる座学であっても、実務を踏まえた事例等が織り交ぜられていたり、実習にあっては、よりその時代のニーズや学生の傾向に対応した課題へと毎年更新されている。また、二年という限られた時間であることから、それぞれの授業が単独で進むのではなく、できる限り関連して進んでいくように組まれている。たとえば、設計課題でRCの住宅をやれば、構造の授業でRCの考え方、計画や意匠の授業でも住宅について学ぶといったように。こういったことが可能なのは、何より教員間で学生一人一人を把握し、連携できているからである。教員たちの本気度は中途半端なものではない。

また、業界内の多様な職種の講師を外部から呼ぶレクチャーもある。そのなかで、学生は業界の幅の広さを知り、自分がどの道に興味があるかを確認することができる。実は私自身、この授業から知った職種も多くあるくらいだ。

こうしたキャリア教育の結果でもあると思われる業界就職率の高さは、専門学校のもう一つの魅力ではないだろうか。現在、専門学校は実務的な知識や技術を身につけることができる職業教育機関として定着してきている。そのため、大学既卒者や社会人経験者の入学も多い。そういった彼らの一見回り道に思える経歴をも価値あるキャリアにするために、自らの能力を自覚させ、単に知識や技術を身につけるだけではない真の仕事力を身につけてもらい、より社会が必要とする人材の育成を行う場が専門学校でなければならないと思っている。

岸上純子（きしがみ じゅんこ） 1979年生まれ。建築家。大阪工業技術専門学校特任教員。関西大学土木工学科中退、同建築学科卒業後、神戸大学大学院修了。坂倉建築研究所大阪事務所勤務を経て、2006年より活動を共にしていた香川貴範が主宰するSPACESPACEに2010年合流。作品に〈Dアパートメント〉（2012年に渡辺節賞受賞）、〈地面と屋根上の家〉等。得意科目／設計製図。苦手科目／構造。バイト経験／塾講師、ゼネコン・設計事務所での模型作成。

地方で学ぶ？ 都心で学ぶ？

大学の立地は意識的に客観視しておいた方がいい。東京で学び、東京の大学で教えつつ設計活動をし、現在は九州の大学にいる筆者は都心・地方の大学の両方で過ごしてきて、そう実感する。一般に都心の大学の方が建築を学ぶ上では良さそうな気もするが、一概にそうも言えないかもしれない。都心の大学は、人も情報も多く、模型材料を手に入れるにしても至極便利な環境であることは間違いない。しかし、その便利さゆえに、ある意味では危うい面もあることを認識しておいた方がよい。学生時代には、設計にしても研究にしても自らのオリジナリティや思想を育む時間が必要だろう。個人にもよると思うが、情報や人の意見に流されやすい人は要注意だ。CAD全盛の今、様々な情報をカット&ペーストしていけば、それなりの建築設計課題をまとめることは可能だろう。しかし、その建築設計への思想へと真摯に向き合う時間はあるだろうか。

スイス南部、ティチーノ地方の人口一・五万人の町メンドリジオにあるマリオ・ボッタ創設のメンドリジオ建築アカデミーは、周囲には美しい葡萄畑が広がるのどかな環境ではあるが、ヴァレリオ・オルジアティやアイレス・マテウス等名だたる建築家が教員をつとめ、学生は雄大な自然とともに自身の建築への思考を深めるという。そうした思考とともに世界のなかでのありようを考える。インターネット時代の現代、かつての井のなかの蛙のような地方大学からは変わりつつあるように思う。

筆者がスイスで生活していた頃、学生や設計事務所の建築模型を見る機会が多くあったのだが、そこは日本のようにスチレンボードが手軽に手に入る環境ではなかった。彼らは工夫して石膏やモルタル・金属の模型をつくっていたのだが、それが建築設計に与える影響は大きいと思う。簡単にスチレンボードが手に入るという都心の状況は、便利さゆえに無意識に材料選択をしており、簡単に模型材料が手に入らない地方では熟考を重ねて材料の検討を行っているように見える。それは、逆に言うと便利すぎるという都心ゆえの「不自由さ」なのかもしれない。もちろん都心の大学では非常勤講師として第一線で活躍する建築家と多く接することのできるのはその立地ゆえのメリットではあるし、他大学のいろいろな価値観を持つ学生同士の交流が多く期待できることは都心の良さであろう。

建築は人々の住まう場所であればどこにでも存在する。都心だろうと地方だろうと建築学は求められているのだ。それゆえ、自らの置かれている環境を深く理解し、学んでいく姿勢が必要だ。

平瀬有人（ひらせ ゆうじん） 1976年生まれ。建築家。佐賀大学大学院准教授。早稲田大学大学院修士課程修了。早稲田大学大学院博士後期課程単位満了。早稲田大学古谷誠章研究室、ナスカ一級建築士事務所、早稲田大学理工学部建築学科助手を経て、2007年より yHa architects。2007～08年文化庁新進芸術家海外研修員（在スイス）。2008年より佐賀大学准教授。得意科目／設計演習。苦手科目／建築経済。バイト経験／城戸崎和佐建築設計事務所。

文系学部からの転向

知的関心は区切りなく面的に広がるものだ。学問領域や学部の分け方は便宜的なものであるので、そこにとらわれずに興味の赴くまま越境したらよいと思う。また、若いうちの二、三年は後から考えればほとんど誤差であるということを最初にお伝えしておきたい。

私の場合、当初は文学部で美術史を学んでいた。博物館実習を終え、学芸員資格も取得。将来は美術もしくは出版関係の仕事がしたいと考えていた。

当時、美術史学科の先生方からは、とにもかくにも「現物を見る」ことの重要性を説かれ、「美術」の範疇にくくられる作品の膨大さにおののきつつも、休みごとに学科の友人たちと世界各地の遺跡や美術館を渡り歩いた。洋の東西、古今を問わず「見ておくべき」と思われる作品を訪ねるうち、作品そのものよりも、展示を内包する「美術館」の空間の方に興味がいくようになる。当然のことながら美術作品は単独に成立するものではなく、その背景には様々な文化的要素が絡

み合っているのだが、そのことに朧げに気がついた時、私の関心は急速に街並みや都市へと広がっていったように思う。あちこちの都市を訪ね空港を経て東京へ帰ってくるごとに、車窓の風景がとても「特殊」なものに見えてきて、そこにはまだ自分がコミットする余地があるのではないか、とも思うようになった。

一緒に二人暮らしをしていた三つ下の妹が一足先に建築を学んでいたことも、「建築」に対する漠然とした興味を具体化させる要因になった。また、他学部聴講という形で建築学科の授業を履修したり、文系から転科した先輩に話を聞きにいったりして、進路を変える意思を固めていった。

東大には「学士入学」という制度があり、私はその試験を受けて工学部の三年次に編入した。東大では学科ごとの専門教育が三年生から始まることもあり、建築や工学に関する専門知識は問われなかったので、文系の私でも受験しやすかった。

文系からの転入生として、構造力学には苦労させられたが、それ以外では特にハンディを感じることはなかったように思う。建築学科では建築史の研究室に在籍しながら、設計する側になることを目指した。

学士入学で少し年下の同級生と一緒に学ぶことになり、自分が「遅れている」という焦りにかられたこともあったが、今思うと人と違うルートを経てきたことは、自分の個性として強みともなりうる。また、結果的に同級生が何学年分もできたことは、とても素晴らしい副産物であった。

林野紀子（りんの のりこ）　りんの設計一級建築士事務所代表。東京大学文学部歴史文化学科（美術史専修）卒業後、東京大学工学部建築学科に学士入学。東京大学大学院工学研究科修士課程在籍中に大学を休学し、仙台へ。阿部仁史アトリエに勤務。その後、復学し、大学院修士課程を修了。2007年金沢にて独立。同年、同志とCAAK設立。得意科目／国語。苦手科目／物理。バイト経験／伊東豊雄事務所、SANAA等多数。

社会人学生になる

私は大学で法学部に在籍していた。特に法律に興味があるわけでもなく、受かった大学に入ったという非常に消極的な選択だった。法律には興味が持てないまま卒業を間近に控え、就職活動を始めた。ある会社では「二四時間寝ずに三六五日働け」、ある会社では「大量にモノをつくって大量にバラまくのが仕事だ」と言われた。どの主張にも違和感を感じ、就職を断念する。行き場を失った私は、行きつけのバーで働いている人から建築という分野の存在を聞くことになる。

私は高校時代から知り合いの工務店でアルバイトをしていた。いろいろな現場をまわり、大工さんや左官屋さんからいろいろな話を聞いた。大学時代には鉄筋工もしていた。だから建築と言えば現場というイメージが強く、手を動かしてつくる行為だと思っていた。しかしバーで薦められた建築の本を読んでみると、現場の話は一言も出てこない。建築家や思想家がほとんど理解できない言葉を使って主張しているのである。自分のなかで建築の世界が一気に広がった。奥深い

思考、現場でつくる身体、この二つの行為を併せ持つ建築に惹かれていき、バーで働きながら夜間の専門学校で建築設計を学ぶことにした。

社会人でありながら建築を始めようとする人に伝えたい。何かを始めることに「遅い」ということはない。むしろ、用意された環境に安住したことしかない学生より経験を積んでいる分、実体験として社会の状況をわかっている。大学生にない幅広い付き合いから学べることも多くある。しかし注意してほしいのは、逆に頭が固くなっている可能性もあることだ。特定の人たちと長く過ごし、同じ環境での繰り返しの毎日に、知らず知らずのうちに視野が狭まり、思考が限定的になってしまっていることがある。それに社会人になってから建築を改めて始めることは、時間的なビハインドを背負ってることになる。だからこそ最後列から駆け抜ける気持ちが必要だ。

建築とは単なる姿や形や色や素材のデザインではない。それはあくまで表層の現れに過ぎない。それらを下支えする地盤を耕すことが大事なのである。耕す行為とはどういうものだろうか。それは能動的で前向きな学びと実践の姿勢である。既に存在しているモノや制度やルールを所与のものとする受け身な身体は捨ててしまった方がよい。既に社会という海に出てしまっている人たちだからこそ、その海の広さや深さ、しょっぱさがわかるはずである。社会人学生が学ぶ場所は、海を見下ろす丘の上にはない。様々な風や潮の流れを身体に感じつつ、泳いだり、波に乗ったりしながら丘を見上げる海の上の学校なのだ。

家成俊勝（いえなりとしかつ） 1974年兵庫県生まれ。建築家。ドットアーキテクツを赤代武志と共同主宰。関西大学法学部卒業。大阪工業技術専門学校夜間部卒業。建設現場、バーテンダー、大手家電量販店倉庫等で働く。30歳を越えても解体現場で精を出していた。同時に、専門学校在学中より設計活動を開始。現在、京都造形芸術大学空間演出デザイン学科特任准教授、大阪工業技術専門学校建築学科II部非常勤講師。得意科目／なし。苦手科目／数学。

建築学科で取れる資格

建築が関係する分野はとても広い。よって、建築学生がとれる資格も星の数ほどある。何よりも重要な資格は、所持している者だけが業務を行なえる業務独占権を持ち、建築学生であれば受験資格が有利になる建築士資格であろう。その上位資格として建築士事務所登録に必要な管理建築士、一定規模以上の建築に必要となる構造・設備一級建築士、特定行政庁や審査機関のための建築基準法適合判定資格者が挙げられる。また、公共工事の現場で必要となる施工管理技士、設備系の独占資格として電気工事士も挙げられよう。

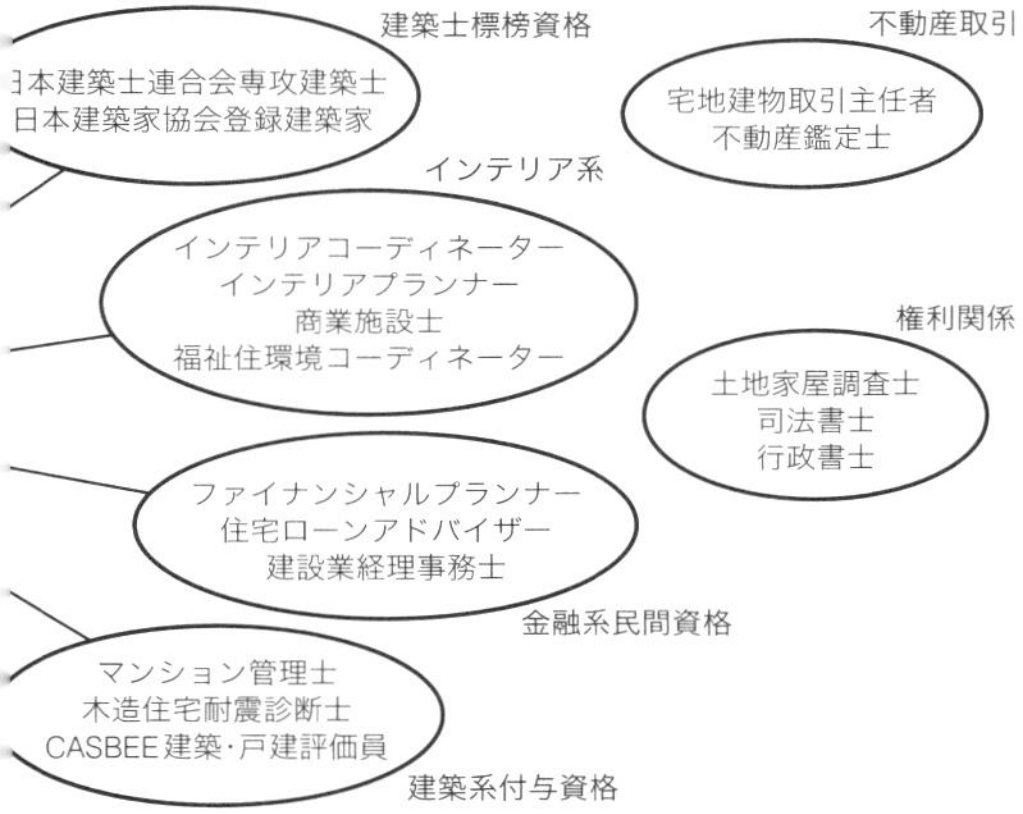

一方、インテリアコーディネーターやファイナンシャルプランナー等は、ある一定の知識を保持していることを示す民間資格で、業務独占権はなく、発注者の信用を得るための肩書きと言える。建築士の資格が必要となるが、登録建築家制度や専攻建築士制度も同様だ。

土木や都市計画分野では、公共工事が中心となり、受注には技術点が重視されるので、技術士やRCCM等の資格取得が有利になる。なお、技術士補はJABEE認定課程を卒業するか、技術士一次試験合格によって得られる。土木現場系資格として、土木施工管理技士や測量士も挙げられよう。

不動産取引に必須となる宅地建物取引主任者、土地や建物の権利関係に関わる土地家屋調査士や司法書士も業務独占資格であるが、これらの資格は学歴・経験によらず誰でも受験可能な建築関連資格だ。

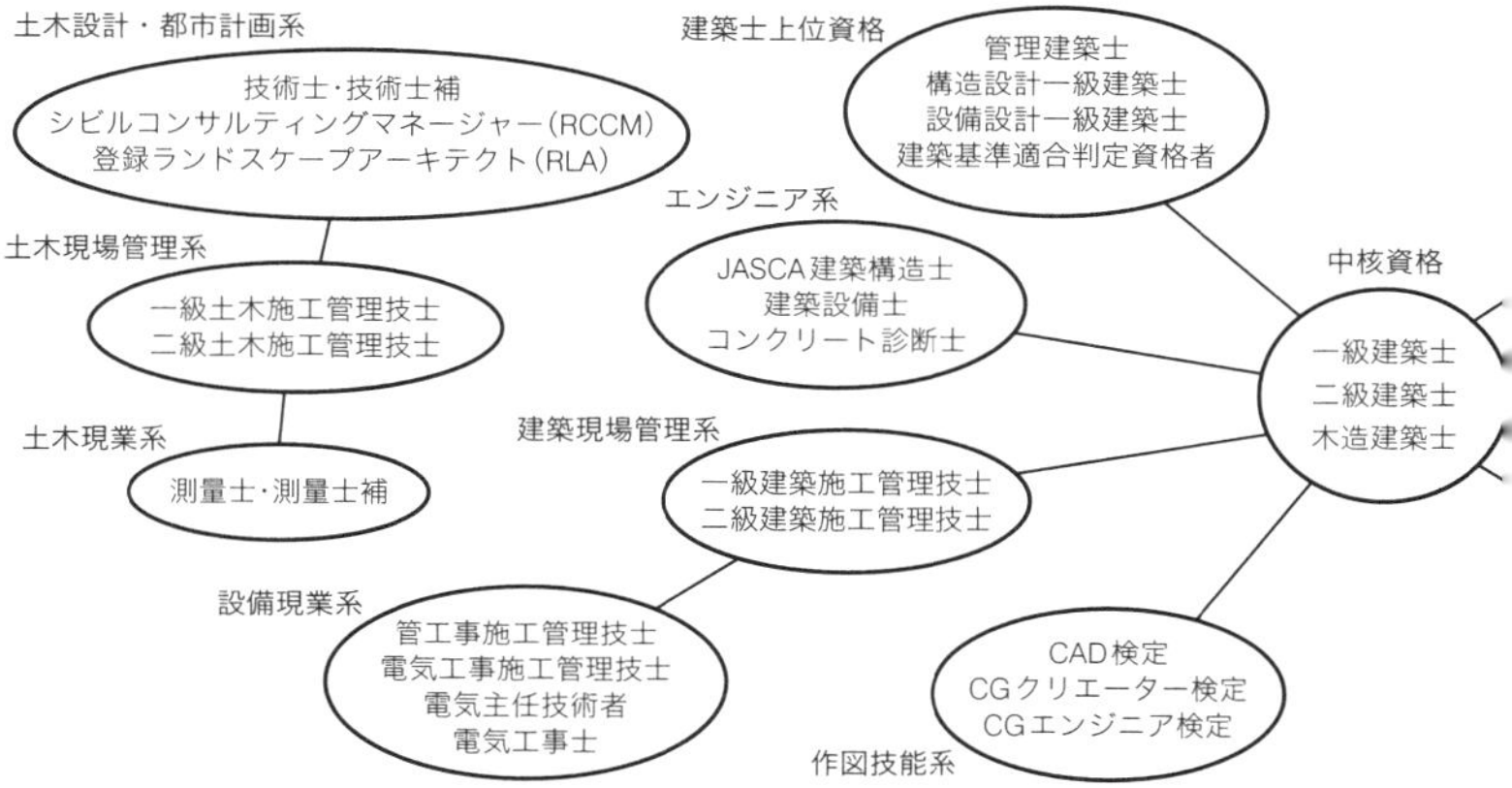

建築関連資格一覧

星裕之（ほし ひろゆき） 1969年宇都宮市生まれ。建築家。物書き。宇都宮大学卒業後、近藤春司建築事務所や構造設計事務所を経て、1998年STUDIOPOH設立。設計してきた住宅は35軒、うち12軒は密かに雑誌掲載。著書に『建築学生の就活完全マニュアル』。大学には5年間通い、優は5つのみ。得意科目／設計製図。苦手科目／出席重視科目。バイト経験／スキーショップの店員、金融機関の審査業務、設計事務所等。

建築士の資格について

現状、日本で「建築家」と名乗るのに資格は要らない。しかし、「建築士」と名乗るには資格が必要だ。一級、または二級建築士（と木造建築士）の資格は、ある程度以上の規模の建物を設計し、公的に建設の許可を得るための必須条件である。そして設計業務を行う建築士事務所を開くには、建築家よりもまず建築士がいなければ成り立たない。

資格はどれも一年に一回行われる国家試験（筆記と製図の二段階）に合格しなければならない。筆記は二級で「計画」「法規」「構造」「施工」の四科目。一級はそれに加えて「環境・設備」の五科目。合格率は二級で約二割、一級で約一割と簡単ではない。多くの場合、卒業後に働きながら勉強することになるため、ただでさえ多忙な建築社会人は勉強時間を確保すること自体が困難だ。

受験資格を得るには原則、学歴と実務経験が必要となる。二級は学歴のみでも受験できる場合があり、一級はそれに加えて実務経験（大学卒業の場合、主に二年）が必要になるが、学校の種

類や取得できる単位によって実務必要年数は異なる。また実務経験も、仕事の種類によって年数にカウントできないものもある。学校入学が平成二一年以後か、それ以前かでも違うため、自分の環境では何がどれだけ必要か、建築技術普及センターや通う学校に確認した方がいい。ちなみに、学歴がなくても七年間の適切な実務経験で二級を、さらにその後四年で一級を受けられる。

一級と二級の違いは、設計できる建物の規模と用途にある。もし「私は普通サイズの住宅をつくる建築家になりたい」という人ならば、二級で十分だろう。「いや、住宅以外にもビルとか学校とか大きなものにも携わりたい」となると一級が必要となる。そして、建築士事務所を開くには責任者となる管理建築士という資格を持った人が必要になる。管理建築士は、一級または二級建築士資格を取得してからもう三年間建築事務所で働く等の実務経験を求められる。

以上のように、建築家として設計業務を行うには、卒業後に長い道のりが待っている。実際、試験の半分以上は建築基準法等の法律や工事に関するものなので、なかなか実務で触れないと実感が湧かず身につかない。ただ独立への近道としては、二級受験資格を得たらまず二級建築士の資格を取ることをお勧めする。管理建築士資格に級は関係しないからである。

いずれにせよ、建築を職業にするならば資格を取るべき時は卒業後に嫌でもやってくる。しかるに、学生時代は「自分の興味の方向・適性はどこか?」「何をつくりたいのか?」を自問自答することに時間とエネルギーを費やすべきだろう。

松本崇（まつもと たかし） 1977 年生まれ。建築家。みさささぎ一級建築士事務所主宰。大阪市立大学建築学科卒業。2011 年みささぎ設立。得意科目／設計演習。苦手科目／構造力学。バイト経験／大学本屋とカレー屋で店員。

まわりの評価より、自分の興味を突き詰めよう

佐藤光彦

さとう みつひこ／1962年生まれ。建築家。日本大学理工学部教授。日本大学理工学部建築学科卒業。伊東豊雄建築設計事務所勤務を経て、1993年佐藤光彦建築設計事務所設立。主な作品に〈熊本駅西口駅前広場〉〈コマツナギテラス〉〈西所沢の住宅〉。主な著書に『住宅の空間原論』（共著）。得意科目／設計。苦手科目／構造力学。バイト経験／伊東事務所ほか設計事務所にて模型制作。

日本大学理工学部建築学科を選んだ理由

建築学科を選んだのにこれといった大きなきっかけはなく、大学受験に際して、どういった学科を選ぶのかという時に初めて考えた気がします。ただ、中高一貫校の理系クラスで学んでいましたが、文系科目も好きだったので、建築学科には両方の要素があるように思って、建築学科に進んだのかもしれません。それから、直接的に関係あるかどうかわからないのですが、「日本の城研究会」という珍しいサークルに入っていて、中学・高校時代に日本全国の城を見て回りました。城というと天守閣をイメージする人が多いと思うのですが、城の本質は「縄張り」なんですね。サークルの仲間は歴史に興味がある人が多かったのですが、僕は城の縄張りや建物の図面に興味があり、当時から配置図や三面図には親しんでいました。図面を

ひくことはしませんでしたが、わざわざ大学の研究室まで訪ねていって城の図面を入手し、模型を作ったりしていました。一度、軸組から作ろうとチャレンジしたのですが、発表しようと思っていた文化祭までに間に合わずに断念しました。

高校でちゃんと勉強した同級生は東京大学に入るような進学校だったのですが、きっと僕はあまり勉強しなかったんですね。日大が第一志望だったわけではないのですが、旧帝大は別として、私学の建築学科では早稲田と日大の建築学科が歴史があり、伝統がある学校だと聞いていました。

建築学科に入って

他の大学もそうかもしれませんが、一年目は一般教養の授業が主で、専門科目を少し、といった感じでしたが、日大は一年の前期から設計科目が設置されていたこともあり、比較的早く建築の世界に浸っていきました。一年生の夏休みにコルビュジエ全集と村野藤吾の和風建築図集を借りてきて、全部読んだのを覚えています。建築学科に入ってからは建築家の事務所に勤めること以外の選択肢は考えていませんでした。ただ、あまり授業に出ていない学生でした。サークルはジャズ研に所属していて、それほど熱心ではなかったのですが、授業に出るより部室にいることが多かったですね。四年生の一〇月に伊東事務所に行くまで、時々、先輩のピンチヒッターとして設計事務所に一時的に手伝いに行ったりしたのを除けば、これといったアルバイトもしませんでした。

日大はマンモス校と言われて、確かに学生数は多いのですが、設計の授業等は十数人の班に分かれて指導を受けますし、逆に学生数が多い分教員の数も多く様々な研究分野を網羅しているので、学生にとっては選択肢が多いといったメリットもあるように思います。

僕が所属したのは歴史系の近江榮先生の研究室にあった黒沢隆ゼミでした。当時、計画系の研究室はあったのですが設計系の研究室がなく、設計がやりたい学生の多くは近江研に入っていました。建築家が大学で研究室を持つことが一般化したのはここ一〇年くらいのことではないでしょうか。

原広司研究室での経験

二年生の時には東京大学生産技術研究所にあった原広司研究室に手伝いに行っていました。その時は、海外でいくつかの展覧会の準備をしていて、それまで知っていた建築模型ではなく、アクリル板を削って模様を描く作業をしていて、これまで知らなかった建築の世界に触れた気がしました。当時の原研には、後にシーラカンスを結成するメンバーが在籍していて、小嶋一浩さんなどは、既に実際の設計も始められているのを見ていたので、そういった環境には非常に刺激を受けました。そのせいか、大学院に行こうという意思はなく、すぐに実際に作る世界に入りたいと思っていました。

卒業設計について

僕の学生時代はマイケル・グレイブスが活躍していたり、磯崎新がつくばセンタービルを設計したりと、ポストモダン全盛期で、それほど共感を覚えなかったところへ、三年生くらいの頃に、OMAのレム・コールハースが紹介され始めました。ラ・ヴィレット公園のコンペ案等に衝撃を受け、「これまでの建築と異なる思考や表現がありうるのではないか」と思い始めました。

四年生の課題から、手書きでトレーシングペーパーにロットリングとインスタントレタリングのパターンで書いて、それを印画紙に密着反転したものを提出していて、これは作業を重ねるうちに、手の痕跡がなくなっていくというか、設計者の手から離れていく感覚がありました。建築図面というより、何かの絵（パターン）のようなものです。これらの図面は伊東事務所に面接に行く際に持っていったのですが、この絵を見たからなのか、伊東さんの図面集（伊東豊雄『中野本町の家、シルバーハット／現代建築　空間と方法5』同朋舎出版、一九八六年）の表紙に使う絵を描くのがアルバイトの最初の仕事でした。

卒業設計では大学の先生たちの共感は得られず、評価はよくなかったのですが、気になりませんでした。日頃から、同級生が何をしているとか、学校での評価というものに無頓着で、好きなことをやっているという気持ちがモチベーションでした。

伊東豊雄建築設計事務所での日々

学生時代、授業には出ていなくても、建築雑誌はバックナンバーも含めて必ず読んでいたのですが、雑誌『都市住宅』に伊東豊雄さんの「笠間の家」（一九八一年）が発表された時に、設計過程も掲載されていて、「設計という行為はとても面白いな」と思いました。もともと伊東さんの作品は好きだったのですが、そこで行われている設計のプロセスに惹かれて、伊東事務所の門を叩きました。

そして、四年生の一〇月からアルバイトを始めました。当時、所員は七〜八人でした。ちょうど湘南台文化センターのコンペをやっていて、その手伝い等をしました。そのまま伊東事務所に就職することになったのですが、伊東さんはスケッチを描いて、「これをやろう」というタイプではなく、みんなで集まって意見を出し合いながら進めていくので、所内で競い合いますし、僕が入所した翌々年に曽我部昌史さん、その翌年にヨコミゾマコトさんらが入り、彼らとは同年齢でしたし、同年代で刺激し合っていました。先輩である石田敏明さんや妹島和世さんの姿を見ていて、いくつか物件を担当した後、三〇歳くらいで独立するものなんだと漠然と考えていて、実際そうなりました。

伊東事務所に勤めていた時は忙しかったですが、二八〜二九歳頃、数人の同僚と森高千里のライブに二〇回くらい通ったりしていました。忙しくても、というか、忙しい方が時間を作ることができるのです。もちろん若くて体力があったから無理が利いた、ということもあるとは思いますが。

建築史を学ぼう

僕はあまり授業に出ない学生でしたが、建築史の勉強はしておけばよかったと今、思います。直接、設計に役に立たないかもしれませんが、建築の歴史を知ることで、建築を読解し、理解する基礎になります。遅ればせながら、ここ数年古建築に興味が出てきて、積極的に見て回っています。昨年は遷宮前の伊勢神宮内宮の正殿を、間近に見てきましたが、素晴らしかった。これまで見たことのないモノがそこにありました。藤森照信さんは「建築学科では、設計と建築史だけ教えればよい」とまで言われていますね。実務的なことは社会に出てからいくらでも学べますから。

「興味があること」を突き詰める

今の学生は、「素直で真面目な学生」が多いと思います。それから、これは幼い頃から選択肢を多く「与えられる」からなのか、多くの情報を求めているように感じます。たとえば、他の学校の学生が何をしているとかまで知っていたりしますし、自分の設計について、担当教員だけでなく、いろいろな人に意見を求めたりしますね。誰かに認めてほしいという気持ちがあったり、情報を集めてそこから正解を導き出そうとしているようにも見えます。でも、僕は、何かを修得する時には情報は少ない方がよいと思います。いろいろな情報を集めるよりも一つの方法から積み重ねることでしか得られないものがあるはずで、その後に様々な情報を処理し判断する能力が養われるはずです。順番が逆なんですね。

評価を気にするよりも、興味があることについて思考を積み重ねていくという作業が後々、自身の身になると思うのです。学生時代に建築を考える時に、「何が正しいのか」なんて考えない方がよいと思います。

（二〇一四年一月一七日、日本大学佐藤研究室。インタビュー：柴田直美）

私が建築学科を選んだきっかけ

高校１年生の時の私は、目の前の部活や人間関係が全てで、将来就く職業のイメージがさっぱり湧かなかった。理系科目が苦手だからと漠然と文系の道を考えていたが、どれもこれといってピンと来ず、意外にしっかりした友達の将来計画に焦り、進路希望用紙が敵だった。しかも高校に上がると同時に、早くも文理が分かれ始め、選択科目が増え、徐々に進路の選択肢の幅は狭まっていた。

典型的な文系の私でも、個人塾で物理の授業をとったことをきっかけに少しだけ物理が楽しくなり、どうせなら視野を広げてみようと次第に理系の道も併せて考え始めた。塾で片っ端から大学生の先生方に通っている学部学科の話を聞いた。物理を教わっていた先生が建築学科の学生で「課題でもう３日も自分のベッドで寝てないよ」と言うくせに誰よりも楽しそうに語っていた姿が、一番印象的だった。大変なのに、そんなに楽しそうな建築の世界って、一体どんなだろう、と。

そこで高１の６月頃から、意識的に建築を見ようと『建築マップ東京』を片手にいろいろまわった。感動する建築もあれば、逆にさっぱりなものもたくさんあった。建築は奥が深くて、もっと知りたくなった。特に先生が好きだという〈東京カテドラル聖マリア大聖堂〉を見たことが決定打となり、建築学科に進む決意を固め、周囲の猛反対を押し切って７月頃に理転してしまった。

私は、「考えすぎず、まず動く。動きながら考え、辻褄は突き進んだ先で合わせる」をモットーにしている。考えるだけフットワークが重くなるからだ。特に学生のうちは間違ったら戻ればいいし、建築にはそれを許す懐の広さがあるはずだ。大切なのは直感を信じて動くことだと思う。

木﨑美帆（きざき みほ）　1991年生まれ。Greenacre school for girls 卒業。東京理科大学理工学部建築学科４年。同大学大学院進学予定。得意科目／国語、英語、音楽。苦手科目／理系全般。バイト経験／塾講師、居酒屋ホール、模型作成。

2

CHAPTER

授業・課題

入学から卒業まで、初めて学ぶこと、経験すること、挑戦することは多い。大学・学校のなかで、どうやって建築を学べばよいか迷ったら、この章を参考にしてほしい。ちょっとしたコツや見方を知るだけで、きっと授業や課題に取組む姿勢が変わるはずだ。四つの段階は、概ね一年生から四年生に対応している。（松田達）

入学したら

一般教養、外国語の学び方

リベラルアーツという言葉を聞いたことがあるだろうか？　元はギリシャ・ローマに起源を持つ「自由人の諸技術」という意味の言葉であり、いわゆる大学における一般教養のことである。建築学科に入っても、もちろん建築のことだけを学ぶわけではない。専門科目の他に、広い教養を学ぶことも、大学生として重要なことだ。多くの大学では、特に学部前半の一、二年生で多くの一般教養科目を受講し、後半の三、四年生で専門科目を中心に学ぶ。

建築を学ぼうとしている皆さんにとって、一般教養とは何だろうか。単位のために、仕方なく取る退屈な科目だろうか。専門課程に入れば関係ないから、あまり重要ではないと考える人もいるかもしれない。しかし建築を学ぶなら、一般教養こそ、後々本当に重要になる科目だと思う。

僕の場合、学部生の最初の二年間が教養課程だった。その間に受けた授業の数々は、今の自分の骨格を形成しているとさえ感じている。宇宙論、記号論、認知心理学、統計学、現代哲学、テ

クスト理論（文学）等、実に幅広い知に触れた、豊穣な経験だった。極め付きは蓮實重彦先生と松浦寿輝先生による映画論。作品に対する批評的な視点を教えてもらったのは、この授業だった。

建築はとても広い学問であり、実践分野だ。単なる理詰めで作品のコンセプトは生まれない。本格的に作品をつくるようになると、建築以外の勉強や経験をいかにしてきたかが、自分の建築作品に大きな影響を与えることに気づいてくるだろう。一般教養の科目こそ、そのような広がりのある経験を与えてくれるものだと思う。

外国語についても触れておきたい。英語が重要であるのは言うまでもないが、大学では第二外国語や、時に第三外国語も選択できる。言語を学ぶこと――これほど将来の自分の活躍のフィールドを直接的に広げるものはない。多くの人と話したいなら、中国語、スペイン語だ。カバーする人口が圧倒的に多いからだ。フランス語やイタリア語を学べば、だいたいのラテン諸語は何となく読めるようになる。複雑で厳格なドイツ語を学べば、後々他の言語を学ぶのが容易になるだろう。自分もそうだった。韓国語を学べば、日本語とのあまりの親近性に驚くはずだ。ハングルは一週間で読める。あるいは他人が学ばない言語にこそ、未知の可能性があるかもしれない。

建築学科に入ったならば、ぜひ自分の将来を想像し、わくわくしながら専門科目以外の授業（＝リベラルアーツ）を選んでほしい。それは自分を「自由にさせる技術」を選び、また「自分の可能性を設計」する瞬間であるのだから。

松田達（まつだ たつ） 1975年生まれ。建築家。東京大学先端科学技術研究センター助教。1999年東京大学大学院工学系研究科建築学専攻修了。隈研吾建築都市設計事務所を経て、文化庁派遣芸術家在外研修員としてパリにて研修後、パリ第12大学パリ都市計画研究所にてDEA課程修了。2007年松田達建築設計事務所設立。2011年より現職。得意科目／数学、歴史。苦手科目／流体力学。バイト経験／ファーストフード店、家庭教師、設計事務所等。

入学したら

建築学科の必須科目

日本の建築教育――日本の建築教育は世界標準と少々違う。それは日本の建築学科のほとんどは工学部（あるいは大学によっては理工学部）に所属しているのに対して、世界の建築学科は建築単独あるいは都市デザイン、グラフィック等と一緒になって建築○○学部という形で独立した学部となっているという点である。それが意味することは世界の建築学科は日本の建築学科で学ぶ三本柱である①意匠、②設備、③構造のなかの①意匠を学ぶ場なのであるのに対し、日本ではこの三つの分野を三年生までは同等に学ばなければいけないということである。そして四年生の研究室配属の時点で三つのうちの一つを選択してより専門化するのである。

私の学生時代――一年生になったばかりの学生諸君の入学動機は人それぞれだろう。近年環境問題が叫ばれていること、あるいは大地震が災害をもたらしたこと等から、環境や構造をやりたいと思って来た人もたくさんいるはずだ。一方、僕の学生時代には多くの人が設計をしたいと思

って建築学科に来たものである。僕もそういう学生の一人で最初から設計をしたいと思い、設備、構造の勉強もしなければならないということを後で知って、ちょっと大変だなと思った記憶がある。正直言えば、その手の授業は結構サボった。その頃は教師ものんびりしていて出席を取る先生などいなかったし、試験が通ればいいよという感じであった。

教師として考えること——現在教師として学生を教えながら思うことは二つある。一つ目は僕がサボった授業はこれからの建築を考える上でやはり必須であるということ。建築家として仕事をしていても設備や構造の知識は必ずいる。したがって、必要最小限のことはどれも学ばなければいけない。そして二つ目は、四年生でどの分野に進むことになるとしても必須の勉強だけをやっているだけでは四年生になってさあ専門をやるぞという時点では知識が少々足りないという点である。ゆえに、自主的に学ぶことが必須である。これは日本の建築教育の落とし穴のような気もする一方、学ぶということは本来そういうものだとも思う。すなわち、広い裾野を獲得した上に自らの力で山を築いていくという姿勢が必須である。その意味では建築学科の必須科目とは大学で決められている科目のことではあるまい。それは必要条件であり、十分条件にはならない。自らの進むべき方向を見定め、自らが見定めた内容こそが必須科目なのである。

坂牛卓（さかうし たく） 1959年東京生まれ。建築家。東京理科大学教授。1985年UCLA大学院修士課程修了。1986年東京工業大学大学院修士課程修了。1998年よりO.F.D.A.associatesを共同主宰。信州大学教授を経て、2011年より現職。作品に〈リーテム東京工場〉〈角窓の家〉〈内の家〉他多数。著書・翻訳に『言葉と建築』『建築の規則』『フレームとしての建築』『αスペース』他。得意科目／設計製図。苦手科目／構造系の科目。バイト経験／設計事務所、家庭教師。

教科書との出会い

たとえば東京大学の講義では、教科書を使用することは限られている。なぜだろうか？　その答えは、大学で学ぶことと、先生のお決まりの話を聞く、ということは必ずしも同じ意味ではないからだ。もう少し詳しく言うと、大学で教える先生は、各々が第一線で活躍する建築家であったり研究者であったりする。常に新しい情報に触れ、日々発見されたばかりの新事実に直面している彼らの講義は、毎回刺激に満ちているはずだ。そして、その第一線の知識と経験を味わうためには、教科書に出ているようなことは自分自身で学ばなくてはならない。だから、講義で教科書を使用することが少ないのだ。

私が建築学科に入って初めて使用した教科書は、『構造用教材』という一二〇頁ほどのシンプルなカタログだった。この本には、テキストの解説はほとんど書かれていない。その代わり、地盤のことから、木造の継手・仕口、建具の納まりにいたるまで、建築を構成する無数の素材やディ

テールに関するイラストが詰まっている。これら無数の素材とディテールに関するイラストを眺めながら、私は学生時代を過ごした。この教科書に載っている一つ一つの素材に対する考え方、ディテールに関する工夫は、長い年月をかけて醸成され体系化されてきた。そして、この教科書から私は、長い時間をかけて培われてきたデザインの底力のようなものを学びとっていった。『日本建築史図集』や『建築環境工学用教材 環境編』等も、私が学生時代を共に過ごした教科書である。

これから皆さんが建築を勉強してゆくなかで、皆さんをワクワクさせたり、心の底から感動するような空間に出会ってゆくことだろう。そうした建築を構成する素材やディテールは、これまでの長い歴史の蓄積の上にある。そして、その蓄積を活用して、建築家は新たな創造に向かい続けている。皆さんが教科書で出会う知識は、こうした蓄積を体系化したものだ。皆さん自身の意志を持って教科書を読みこなし、自分の一部とすることは必要不可欠である。そして、皆さんが大学の講義で先生から聞く話は、こうした体系に基づく、個々人の絶え間ない格闘の痕跡なのだ。自分なりの教科書を発見し、そこから新しい建築をつくり出すヒントを得ること。教科書に書いてあることを習得した上で、先生とこれからの建築について議論をすること。それこそが、大学での勉強にとってなくてはならない姿勢である。

川添善行（かわぞえ よしゆき） 1979年神奈川県生まれ。建築家。東京大学は学部2年の時に成績順に希望する専門に割り振られますが、建築学科への進学は最低点でした。内藤廣に師事し、現在は東京大学川添研究室主宰。作品に〈メディジン市ベレン公園図書館〉〈佐世保の実験住宅〉等。著書に『世界のSSD100』『このまちに生きる』等。得意科目／なし。苦手科目／全て。バイト経験／設計事務所、某有名喫茶店等。

知っておきたい建築家

時代ごとに様々な建築家がいる。ここでは建築がその姿を大きく変えた近代主義（モダニズム）の頃、二〇世紀前半から中頃を中心に、重要な建築家を紹介しよう。

フランク・ロイド・ライト（一八六七〜一九五九、アメリカ、代表作：落水荘、グッゲンハイム美術館等）前近代から近代への移行期を生きた建築家である。幾何学的な装飾を用いつつも、現代的な流動的な空間構成を用い、数多くの建築を実現した。

ル・コルビュジエ（一八八七〜一九六五、スイス→主にフランス、代表作：ラ・トゥーレット修道院、サヴォワ邸等）自由な造形者と、近代建築の理論家という二面性を持つ建築家。「近代建築の五原則」等の近代建築の理論を掲げる一方で、独創的なコンクリートの造形によって、近代建築の形の可能性を拡張した。

ミース・ファン・デル・ローエ（一八八六〜一九六九、ドイツ→アメリカ、代表作：ファンズワース邸、シーグラムビル等）いわば近代建築の基準点を生み出した建築家。無限に連続する柱・梁のフレームによる「ユニヴ

アーサルスペース」の概念、そして「神は細部に宿る」と宣言するほど徹底的に抽象性を追求した建築によって、近代建築の理想の極限を突き詰めていった。

ルイス・カーン（一九〇一〜一九七四、エストニア地方→アメリカ、代表作：ソーク研究所、キンベル美術館等）建築の全体の秩序と部分の豊かさを高いレベルで統合させた建築家。その建築は意匠と構造を融合させた強い幾何学形態の構成と、光と物質を追求した美しい空間を特徴としている。

バックミンスター・フラー（一八九五〜一九八三、アメリカ、代表作：ダイマキシオンハウス、ジオデシックドーム等）ジオデシックドームという超軽量構造体で知られる構造家であり発明家。文明の負の面を直視し、人類の持続可能性を問い、技術の発展によってこれを解決しようとした思想家でもある。

他にも、A・ガウディ、A・ペレ、W・グロピウス、A・アールト、E・サーリネン、C・スカルパ、J・ウツソン、L・バラガン、J・スターリング、P・ジョンソン、丹下健三、村野藤吾等、紹介しきれないほどの建築家がいる。彼らが残した建築は、時代が直面した問題に自らの創造性をもって真摯に答えた証であり、歴史は建築が時代にどう応えたかを教えてくれる。

そして、建築は時代を超える価値をも持っている。いかなる時代の建築であれ、それが人の生きる場であることに変わりはないのだから。だから、時には歴史から離れ、ただ一つの建築として向き合うことで、時代を超える普遍的な建築の価値が見えてくる。

歴史と共に学び、歴史から離れて学ぶことで、建築はますます面白くなるだろう。

勝矢武之（かつや たけゆき）1976 年生まれ。日建設計勤務。2000 年京都大学大学院工学研究科修士課程修了。作品に〈木材会館〉〈乃村工藝社本社ビル〉〈新国立競技場設計コンペ案（SANAA と共同）〉等。日本建築家協会賞、the Design for Asia Grand Award 他。著書に『1995 年以後―次世代建築家の語る現代の都市と建築』（共著）等。得意科目／設計・現代思想。苦手科目／鉄骨構造（昔の話ですよ）。バイト経験／アトリエ事務所、塾講師等。

眠い授業の楽しみ方

徹夜したわけでもない、夜更かししたわけでもない、でも眠い、眠くて眠くてたまらない！
そんなことが〝憧れの大学〟の授業中に起こってしまう。そのとき、建築学生には何ができるのか。

私も予備校で数学を教えたりしているが、基本的に「眠い授業」は先生側の責任だと思っている。生徒が寝てしまうような授業は、何かしらこちら側に瑕疵があったりするものである。しかし、完璧に準備した授業であっても、夢の世界に旅立つ生徒をたまに見る。そんなときは、ものすごく気落ちするものだ。学生たちには、何よりまずは普段の「規則正しい生活」を心がけてほしいのだが、とりあえず、授業中にできる即効法としては「カフェインを取ること」や「合谷（人差し指と親指の骨が合流する部分のツボ）を押すこと」などはよく知られているところだろう。

そして、やはり本質的で積極的な方法として「予習をすること」を挙げたい。残念ながら、大

学では予習をしない学生が大多数である。ノートとペンだけ持って授業時間に教室に現れるだけなのである。高校までの授業では考えにくいことだが、実はここにも授業が眠くなる原因がある。「予習」などと言うと堅苦しい響きがあるが、必ずしも指定教科書を精読する必要はない。自分の興味を延長させて授業内容と接続しておくことで十分である。例えば、『西洋建築史』の授業前日には「好きな教会ベスト10！」を決めておく。そして授業に臨むと、そこに挙げた教会の話が出てくるかもしれない。その瞬間、知識が体系化され、にわかに先生の話に立体感が帯びる。「この教授は自分と趣味が合うなあ」とか、「なんでこの先生は、私の大好きなこの建築を評価しないんだろう」などと、僭越にもいろいろと考えるわけである。「予習」は、前日に友人や家族とほんの五分語り合うだけでも構わないし、いわゆる〝名著〟を斜め読みすることでもよい。何気ないこの習慣が、眠くならないための大きな施策となる。

さらに、授業ノートとは別に「スケッチブックを携帯すること」も有効である。授業から連想するものを思いつくたびに書き留めてみることは、間違いなく脳を活性化する。実在しない変な動物のような他愛もないスケッチが、後から良いアイデアや形を生み出すことも少なくない。また、もう一歩踏み込んで「先生に質問に行く」ことも推奨したい。授業後に先生に鋭い問題意識をぶつけることを目標に、授業に臨むと一気に思考の密度が上がる。単純ではあるが、結局はこのように〝対象を深く知る謙虚な姿勢〟こそが、実は眠気をも防いでくれるのである。

松田聡平（まつだ そうへい） 1979年京都府生まれ。建築家。都市様相研究。東京大学大学院工学系研究科建築学専攻博士課程単位取得退学。ソニー㈱を経て、㈱建築と数理代表取締役社長。東進ハイスクール・東進衛星予備校数学講師。得意科目／都市解析、幾何学。苦手科目／化学実験。バイト経験／体育会のため少なめ。設計事務所。

少し慣れてきたら

建築雑誌の読み方

建築雑誌は一九九〇年代中頃まで、建築情報を伝える中心的存在であった。しかし今や、雑誌はSNS等の発達浸透によりその優位性を失っている。新規の建築関連情報は雑誌に掲載される前にネットを通じて知ることの方が多い。それでも現在、数多くの建築関係雑誌が発行されている。多彩な建築雑誌のなかから何を手に取ればいいのか、学生生活の中でどのように建築雑誌とつき合っていけばいいのか、一書店の売り場から建築雑誌の読み方を提案してみたい。

まず、設計課題等の参考資料として建築雑誌はとても優秀である。『新建築』『住宅特集』『住宅建築』他、新作紹介をメインとしているこれらの建築雑誌には長年にわたるアーカイヴが備わっている。また、『GA JAPAN』は掲載数を絞り、写真も多く、建築家へのインタビューや、設計のプロセスに焦点をあてた連載を持つ等、建築と建築家についてより深く掘り下げた内容になっている。それらを参照すれば、課題を進める手がかりが必ず得られるだろう。

建築を学びいろいろ知識が増えてくると、好みの建築家ができる。そうした時『a+u』『JA』は建築家特集を多く刊行しているので、お気に入りの建築家の思考や設計手法、作品の変遷等の理解の深化につながる多くの知識が得られる。洋雑誌の『El Croquis』『2G』も大判の誌面に図面と写真を豊富に収録した特集を組んでおり、その建築家のセレクションには定評がある。

また、建築家はとても多くの文章を書く。自作の解説のほかにも、設計手法や方法論、時評やエッセイ、建築評等様々である。歴史的に見ても、それらの多くは『新建築』『建築文化』といった建築雑誌に掲載され、時には論争が起こり、時代とともに建築界の一潮流を形成してきた。そうした文章を読むことも現在を考える上で非常に多くの示唆を与えてくれる。

特集に特化した建築雑誌として挙げられるのが『SD』『都市住宅』である。編集者の個性が突出した誌面には、時代の空気感と建築にまつわる様々なまなざしの存在を感じることができる。

学び始めた当初は知識も乏しく、たとえネット上に広大な情報が絶えず流れていても、何が自分に取って有益な情報なのかさえわからないことが多い。まずは建築雑誌を手当り次第に濫読してみて、自分の引き出しをたくさん増やすことが重要である。日本の建築界には実に多くの雑誌が現れては消えていった撩乱の歴史がある。現在はそうした膨大なアーカイヴに容易にアクセスできる時代である。それらを有効活用しない手はない。

新宮岳（しんぐう　がく）　京都生まれ。有限会社南洋堂書店書店員。神戸芸術工科大学卒業。得意科目／特になし。苦手科目／特になし。バイト経験／ジュンク堂書店で雑誌担当。

少し慣れてきたら

図書館・書店を活用せよ

建築とはデザインや快適性といったことだけではなく、深く文化や社会に根ざしている。そのため、建築について知識を得て、よりよく思考しようとすると、読書が必須となる。今どきは、本よりもネットの方が情報を得やすいものの、相変わらず本の優位性も多々ある。たとえば、ネットでは流れてくる情報に対して受け身になりがちだが、本は意思を持って読み進めなくてはいけないから能動的になる。単純化した構図だが、こうした傾向はある程度真実だ。わざわざ本を手に取り、自分のペースでページを繰ることは、自分で物事を考えるトレーニングとなる。

最近は本が読まれないとか、出版不況と言われるものの、古今東西の大量の本が、これほど身近にある時代や場所というのは、かつてなかったのではないだろうか。一生かけても読みきれないほどの量の、読むに値する本が、手の届くところにある。それは近所の本屋やネットショップ、図書館等にである。本屋や図書館の事情は場所によって異なるが（建築図書専門店として南洋堂

（東京）や柳々堂（大阪）があり、国立国会図書館では国内で刊行された全ての図書が閲覧可能である）、本屋にしても図書館にしても、まずは「頻繁に行くこと」が第一歩である。買ったり借りなくとも、本棚を繰り返し眺めていると、どの本が自分と相性がいいのか、勘が働くようになる。読みたい本に目星がつけば、ネット上のOPACやCiNii Booksといった、図書の検索機能を活用するのも手だろう。

最初は何から読んだらいいかわからないだろうが、その場合は図書館が便利だ。必ず読むつもりでなくとも、借りて身近においておくと、本との付き合い方に慣れてくる。きちんと読まなくとも、気が向いた時にぱらぱらめくるのも、本との一つの関係だ。そして、いろいろな種類の本を、多少飛ばし気味にたくさん読む。これは「濫読」と言って、雑多な本に触れることで、思いがけず関心が広がり、本を読むのがうまくなる。

一方で、「精読」という読み方もある。本を一ページずつ丁寧に読む。難しいところでは立ち止まり、時には内容について沈思する。できれば、精読する本は自分で買いたい。身銭を切って熟読することで、その本は自分のものとなる。限られた小遣いから、どの本を選ぶかとなると、真剣に本の価値について吟味せざるを得ない。そのようにして、学生時代に月に一冊本を買う習慣を持つと、卒業時には、精選された本が五〇冊手元に揃い、それは貴重な財産となる。そうした蔵書を持つ大人は、ほとんどいない。

今村創平（いまむら そうへい） 建築家。千葉工業大学准教授。ブリティッシュコロンビア大学大学院兼任教授。アトリエ・イマム主宰。早稲田大学理工学部建築学科卒業後、AAスクール、長谷川逸子建築計画工房を経て独立。作品に〈神宮前の住宅〉〈オーストラリア大使館バイクシェッド〉等。著書に『現代都市理論講義』『日本インテリアデザイン史』（共著）、訳書にA・ヴィドラー著『20世紀建築の発明』。得意科目／なし。苦手科目／なし。バイト経験／設計事務所で長時間バイト。

少し慣れてきたら

全ての課題には背景がある

設計演習の課題は決まった答えがないから面白い。もちろん点数で成績もつけられるが、それは目的ではない。順位をつける記録会ではなく、何かを生み出す力を鍛えるためにつくられたトレーニングメニューのようなものだ。創意工夫をして、徹夜をして、時に教授から不条理に思えるような叱りを受ける時もある。それは人生が点数で判断できないように、社会そのものの姿であり、設計課題（以下、課題）に取り組むことは、その社会に一歩近づいた証だとも言える。そんな答えのない課題を読み解く手がかりについて、建築学科の設計演習を想定して書いてみたい。

まず課題のプリントを見てみよう。「建物の種類」「課題文」「敷地設定」「家族構成や面積等の条件」、おおよそ紙面にはそのような項目が記されているはずだ。二年生であれば、「建物の種類」は住宅か小さな建築であることが多い。その先の学年になれば、集合住宅や美術館、公共建築というように規模が大きくなっていく。「建物の種類」は、言い換えると「ビルディングタイプ」とも呼ばれ、それぞれに様々な社会背景とつながっている。このような建築における議論も日頃から学んでおいた方がよいだろう。そうすると、建築だけではなく、社会学や哲学、美術、都市論にも自ずと目を向けることになるはずだ。

たとえば住宅の課題であれば、どのような「家族構成」が条件となっているだろうか？ 夫婦のみ？ 核家族？ 二世帯家族？ さらには、現代の人々はどのように暮らしてきて、今後はどのような暮らし方が理想なのかということを考える必要もあるだろう。集合住宅になれば家族が集まり、コミュニティや都市へも視点を拡げなければならない。「敷地設定」もそれが都市か郊外か田舎かによって、その建物が置かれる背景が違ってくる。実際の場所が設定されていたら、必ず自分で足を運びたい。敷地の形状や道路の幅も注意深く見てみよう。また「課題文」を読み解くには、出題している先生の日頃の活動も見ておいた方がよい。先生の仕事や研究のテーマが少なからず課題に投影されているからだ。

このように課題には様々な背景が詰まっている。不自由に見える条件も、その背景を読むと広大な世界に開かれていることがわかる。冒頭で述べたとおり課題には決まった答えがない。制限のなかから最大限の自由を導きだすことが、課題でも、実際の建築設計においても大事なことなのである。課題の背景を読み取りつつ、課題を出した先生の意図を上回るモノをつくることに挑戦してみよう。

笠置秀紀（かさぎ ひでのり） 1975年生まれ。建築家。日本大学芸術学部修了。2000年、宮口明子とミリメーターを設立。主なプロジェクトに〈MADRIX〉〈街フォント〉〈アーツ前橋 交流スペース〉等、都市と建築とアートの境界で活動。武蔵野美術大学、東京大学で非常勤講師も勤める。得意科目／設計演習。苦手科目／歴史。バイト経験／地図のトレース、ハウスクリーニング。

少し慣れてきたら

先輩や友達を手伝おう

建築を学ぶ学生のあいだで「どの先輩の課題を手伝う？」という話題になることがある。なぜ人の課題作品や卒業制作を手伝ったり、人に手伝ってもらったりするのか？

建築とは、作品の構想を表現する上での作業量が膨大で、それを一人の個人作業ではまかないきれないという本質がある。あれこれとこだわり、新たな魅力や価値を追求するうちに、時には個人の能力の限界を超えてしまう。そこで「お手伝い」という仲間同士の共助・互助に頼らざるを得ない状況に追い込まれる。

先輩に頼まれ、あるいは友人に請われる「お手伝い」は、バイト代のような即物的な「対価を期待する」労働力の提供ではない。「お手伝い」が必要とされる場面に同席できる人にとって、それは学び習うに十分な多様性をもった体験を提供してくれるのである。

先輩の課題や卒業制作であれば、将来自身が遭遇するであろう状況を事前に経験できる。先輩

たちがどのように取り組み、困難や問題がどこに存在し、どうすれば解決できるのかを実地見聞できる。スケジュールの進行管理や模型材料等の活用方法、模型テクニック、図面の描き方、プレゼンテーションメソッド等、その場に居合わせることで体感、経験できることは計り知れない。先輩に限らず、クラスの友人を手伝う場面においてはなお、お互いの意識や技術を共有し、協調を図ることにもなるだろう。たとえば模型をどのような精度で、どこを強調してつくるか、プレゼンテーションボードのどこにどんなドローイングを入れると説得力が増すか等を意見し合いながら考え、制作の現場を垣間見る機会は、そこに参画して初めて得られるものである。

「なぜ手伝うのか？　手伝ってもらうのか？」を研究室所属の学生に尋ねてみた。「先輩の技を盗む、知識を得たいと思った」「このタイミングにこれをやるべき、この時期にこれだとまずい等、全体のスケジュールを理解できた」「皆でガリガリやっている環境に身を置くのがよい」等前向きな意見が多かった。他方、手伝われる側からは「後輩が優しく、差し入れをしてくれたり、体調への配慮をされた」と、厳しい制作の時に仲間を思いやる感覚に包まれることもあったようである。「何かわからないことがあったら、聞きやすい環境をつくることが先輩の立場でしなければならないこと」と自覚を持って制作をマネジメントする意思も感じられた。お互いに思いやったり、積極的に何かをつかみ取ろうと心がけたりしながら、「お手伝い」の現場に身を投じることで得られる様々な経験が、自身をそして その活動集団を大きく育てることになることは確かである。

中田千彦（なかた　せんひこ）1965 年生まれ。建築家。宮城大学事業構想学部デザイン情報学科准教授。rengoDMS/ 連合設計社市谷建築事務所プロジェクト アーキテクト。東京藝術大学美術学部建築科卒業。コロンビア大学建築都市歴史保存大学院建築修士課程修了。得意科目／美術。苦手科目／音楽。バイト経験／なし。

少し慣れてきたら

建築学生必携ガジェットはこれだ

周りを見渡すと授業以外にも建築を学べる機会が散見される。たとえばカフェで友達とコーヒーを飲むといった日常生活も教材となる。使いやすいテーブルや椅子はどんなものか、レイアウトはどうか、通路幅、階段の踏面や蹴上げの関係は…。使いやすさ（体感）と寸法には関係性ある。その関係性を読み解くためにコンベックス（巻尺）は常に持ち歩きたい。気になる部分を計って記録し、現実と図面を行き来しながらスケール感を養い、寸法から体感を想像する感覚を身につけよう。細かな部分はノギスで、また広い空間は低価格で購入可能なレーザー距離計を使うのもよいだろう。

記録を取るためのメモ帳やペンも選んでおこう。たとえばメモ帳はA5サイズで、表紙は厚手の固紙、用紙にドット方眼があるものが便利だ。持ち運びに困らず、ドットを利用してプラン検討もしやすい。またカッターを使う場合は即興のカッターマットとしても使える。メモ帳の傷も

記録や記憶として残っていくだろう。ペンについては鉛筆、色鉛筆、芯ホルダー、ボールペン等多くの選択肢がある。シャープペンはパイロットやステッドラー等の製図用のものが扱いやすいし、鉛筆の芯だけを入れ替えて使う芯ホルダーは線を使い分けやすくスケッチを行うのに具合がよい。色鉛筆ではファーバーカステルは芯が柔らかく、発色もよくて書きやすい。

最も基本的で便利なこれらの道具は、時代が流れても変わることのない必携ガジェットだ。

一方、技術の発達により便利になっているものも多い。カメラや電卓等、以前持ち歩いていた多くの道具はスマートフォンやタブレット端末等の電子デバイスでまとめて対応できる。Penultimate 等の手書きアプリでスケッチやメモを作ると自動的に Evernote へアップされる等、クラウドとの連携、さらにはネットでの公開や他者との共有といったことも容易だ。AutoCAD 360 を使えばCAD図面の確認や簡単な編集までできる。このような技術は今後も進歩し続けるだろう。

ガジェットの選択で重要なことは、思考を補助するものとしての利用しやすさと、必要な機能へのアクセス性を見極めておくことだ。

私の鞄のなかには常にメモ帳、ペンや芯ホルダーが数種、三角スケール、コンベックス、タブレット端末とスケッチのための先の細いスタイラスペン、パソコンが入っていて毎日使用する。

これらはメモや記録、意思疎通に際し即座に使えるよう意識し選択したもので、学生にもプロにも必要となるガジェットたちであろう。

和田吉史（わだ よしふみ）　1977年生まれ。石川と東京の2カ所を拠点に活動している建築家。日本大学大学院修士課程修了後、TOKOLO.com、阿部仁史アトリエ等を経て、2009 年よりワダスタジオ一級建築士事務所を主宰する。作品に〈小松空港ほっとプラザ北陸〉〈聖愛幼稚園子育て支援施設ぽっぽ〉等。得意科目／設計。苦手科目／特になし。アルバイト経験／スキーインストラクター、古本販売等。

設計課題の苦手意識をなくそう

三年生。華の三年生である。大学生活もいよいよ後半に突入。サークル、バイトにデート、授業以外の活動も忙しくなってくる時期である。新しい世界も広がり、いろいろなことが充実してきて三年生は楽しい。僕の持つ「三年生」の印象だ。ただ、大学のカリキュラムや社会的なニーズの変化により、僕が大学生活を送った頃とは随分状況が変わっているのも事実。僕が通った大学では、三年生の終わりまで設計の授業が必修科目だったが、近年は三年生の最初から選択授業になっている大学が多い。しかも一二月から就活が解禁だから、それまでの八ヶ月間で自分の人生設計も考えなければならない。何て大変なんだろう。華の三年生ではなく、苦悩の三年生かもしれない…。

そんな三年生は授業も大変だ。ぐっと専門性の増した授業が増えてきて、設計課題ももちろん例外ではない。課題で求められる思考はパーソナルなものからパブリックなものへ変化し、考え

なければならない情報が飛躍的に増えるのがこの時期の特徴である。集合住宅や公共建築が題材となり、提案にも社会性が求められる。より現実社会に近い位置での演習となる。この複雑なプログラムを機能的に整理し、かつ何かしらの提案まで盛り込むことが求められるが、これを実現するのは容易なことではない。プロの建築家でも短期間で行えることではないのだ。設計課題に対して苦手意識を持っている人は、まずこの認識から始めればよい。すると少し気が楽になる。

多くの悩みは、何を提案すればいいかわからないというものだ。これもあまり難しく考える必要はない。自分がその敷地で、その設計のなかで、気になるところをクローズアップしてあげるだけでいいのだ。課題に正面から取り組みすぎると八方塞がりで手が止まってしまう。これは誰でも経験すること。それを解消するには、少し斜めから見るだけでいい。自分なりの独自の見方ができれば、それだけで十分にオリジナルな提案と言えるのだ。「条件を少し違反するくらいがちょうどいい」これが僕が三年生の時に学んだ設計の極意だ。ただこの「少し」というのが問題で、ほんの少しさじ加減を間違えると途端に相手にされなくなってしまう。当時の僕は、このちょうどいいさじ加減を体得した気分でいた。そんな時は設計がとても楽しい！　その楽しみを一度味わうことができたら、苦手意識なんてどこかに吹っ飛んでいくだろう。楽しむことが最善の特効薬である。ぜひ設計を楽しんでほしい。

吉村寿博（よしむら　としひろ）　1969年鳥取県生まれ。建築家。国立米子工業高等専門学校から横浜国立大学に編入学の後、横浜国立大学大学院修了。妹島和世建築設計事務所／SANAA勤務で最後に担当した金沢21世紀美術館建設時に金沢の魅力に触れ、金沢移住を決意。2004年金沢にて吉村寿博建築設計事務所設立。得意科目／特になし。苦手科目／特になし。アルバイト経験／アトリエ・大手設計事務所。

専門科目が始まったら

構造を学ぼう

建築を自立させ、地震や台風等の様々な自然の力に耐えるように考えることは、建築設計において必須である。どんなに美しく使いやすくても、強度があり安全でなければ建築にはなりえない。それをつかさどるのが構造家であり、社会に建築の安心・安全を約束するやりがいのある仕事であるが、構造家の醍醐味はそれだけではない。一番の醍醐味は、構造設計という行為を通して、建築をより美しくより豊かにできることだ。

そんなやりがいのある仕事にもかかわらず、その基礎となる構造系の講義は、敬遠されがちだ。細かな数値・数式がたくさん出てくることや、それが実際の建築にどう結びつくか理解しにくいのが主な原因だろうか。

そんな構造系の講義であるが、将来、構造系の仕事を目指す人にとっては、どれも基本中の基本だから避けては通れない。構造力学、構造材料などの構造系科目を網羅して、そこで学んだこ

とが実構造物にどう結びついているかを意識しながら建築を見てほしい。特に実験科目（実技）は、身体で構造を感じとれる貴重な機会だ。それによって構造の面白さをより知ることができるだろう。建築を見た時に、そこに曲げモーメント図が重なって見えてくれば、ぜひ、構造家を目指してもらいたい。

将来、構造系以外の仕事を目指す人にとっては、構造の講義は全く不要であろうか…そんなことはない。構造を勉強する数少ない機会として、逆にその時間を大切にしてほしい（おそらく、構造の勉強は、学生時代とその後の建築士試験のみとなる）。建築に携われば、多かれ少なかれ、必ず構造に関する課題に遭遇する。どんな形が合理的か、壊れはしないだろうか、柱・梁はどれくらいの大きさか、ガラスは何ミリにすればいいか…そんな時、必ずしも自分一人で全てを解決しなければならない訳ではない。前述のように構造設計という行為を通して、建築をより高めてくれる構造家という存在がいるのだから、おおいにコミュニケーションをとってもらいたい。その際に必要な構造のキーワードや基礎知識が、構造系の講義のなかにはあふれるほどある。構造の基礎理論は一〇〇年以上も変わらないものはざらで、言ってみれば一度知れば、それは一生役立つものとなる。それを学生時代に習得しておかない手はない。

将来どんな方向に進むにしても、構造は必ずや自分の活動のプラスになるものと信じて向き合ってもらいたい。構造は絶対に裏切らないから。

小西泰孝（こにし やすたか） 1970年生まれ。構造家。東北工業大学工学部建築学科卒業、日本大学大学院理工学研究科建築学専攻修士課程修了。佐々木睦朗構造計画研究所を経て、2002年に小西泰孝建築構造設計設立。2008年第3回日本構造デザイン賞受賞、2013年第24回JSCA賞奨励賞受賞。得意科目／構造力学、電子工学（アマチュア無線部に所属）。苦手科目／即日設計。バイト経験／イベント会場設営。

設備を学ぼう

設備設計とは——建築における設備設計は昔から大きな建物では安全で快適な室内環境や都市環境を実現するためにインフラから始まり、温熱・湿度・換気・音響・照明・防災等々を考慮して設計をしてきた。一方、小規模な建物や住宅では設備設計者が介在することがない場合があった。しかし、近年では省エネや地球温暖化等の関心が高まり、生活環境の快適性や情報システムの高度化に対する要望が増え、規模に関わりなく設備設計が必要になってきている。

設備を学ぶ——では何を学ぶのか？　基本的には建築に関わる設備の内容は建築学科の講義に含まれている。環境工学概論等を最初に学び、全体を把握し、その後に建築設備、建築法規、建築の機械・電気といった授業を選択すれば、かなり、実践に役立つはずだ。より深く学ぶならば、応用電気工学や環境設備演習、建築熱環境の授業等がよいだろう。環境と名がつく授業の多くは地球環境や省エネルギー、社会活動や環境・生態系というような、大きなレベルの地球環境を考

える内容になる。

通常4年次に研究室に所属し、卒業論文をまとめ上げる。1年をかけてより専門的に学ぶことになるので研究室の選択までに照明・光環境、音環境、温熱環境を主に扱う研究室など、自分の興味のある分野を考えておくとよい。就職してからの設備設計はさほど難しくはなく、設備計算書のほとんどが数字を打ち込めばPCソフトがこなしてくれる。環境設備も大事なのは「素材・心理・物理・現象」を考えることである。

設備設計の将来――この社会状況で、設備設計者の価値は上がっている。大手建築会社や組織事務所も設備部や環境エンジニアリング部を選択すると歓迎されやすく、老舗の設備事務所では電気設計部門を選択するとやはり入社しやすいとサブコン時代の先輩から聞いている。今こそ、設備設計者を目指してみてはどうだろうか。

実際、建築主体だった業界が設備設計者にも脚光があたり、評価は高まっている。3・11以来、原子力エネルギーの問題や次世代エネルギーを選択することも含め、世の中の流れも環境設備を考えることが当たり前になりつつある。クライアントの要望が環境設備中心のことも最近ではよくある。様々な提案を建築家と一緒にクライアントに提案する時代。これからは環境設備設計者がより意匠建築家に提案を行い、すばらしい建築をつくる建築家のパートナーになるのだ。

遠藤和広（えんどう かずひろ） 1963年生まれ。建築設備家。照明エンジニア。青山製図専門学校非常勤講師、建築知識学校講師等。㈲ EOSplus 代表取締役。㈱関電工で建築および施工を6年間学んだ後、㈱日永設計で10年間木林茂利氏に師事。1999年独立。著書に『最高の住宅照明をデザインする方法』。プロジェクトに〈代官山蔦屋書店〉〈吉本興業東京本社〉〈東京大学生産技術研究所アニヴァーサリーホール〉等。得意科目／特になし。苦手科目／電気工学。バイト経験／電気工事、運送屋、ビル清掃他多数。

専門科目が始まったら

講評会、こう準備すれば怖くない

講評会は、建築学科の花形イベントだ。何週間もかけてつくった作品が、ずらっと並んだ先生たちに講評されていく。普段見ない先生も来ている。外部からゲストクリティークの先生が来ることもある。自分の作品がどう評価されていくのか？　誰もが気になる、緊張の一瞬だ。

この講評会に、どのような準備をして臨めばよいだろうか？　そもそも提出時間に間に合わせることが難しい。前日からの徹夜は当たり前、模型もプレゼンボードもギリギリとなれば、話す内容をしっかり準備できている学生は少ないだろう。講評会に効く、万全の策はない。けれどもたとえ発表直前でも、自分のプレゼン効果を最大限に高めるポイントを、三つ述べておこう。

結論から述べよう。——自分が何を行ったのか、最初に端的に述べよう。「私は◯◯に××を設計しました」。こんな一言で十分だ。ただ、これが言えない人が多い。よくあるのは自分の思考の過程を最初から全て話そうとするケース。でも先生は、あなたが「物語」を語っているあい

だ、結局何をしたのか肝心な一言を待っている。プレゼンで思考の過程をトレースする必要はない。思考の結果を理解してもらうのだ。そのために「結論」から述べることを、意識してみよう。

発表時間は厳守しよう。――三分で話せと言われても、たいてい五分はかかる。時間内に話を終わらせるのは、意外と難しい。大人でもそうなのだ。ただし、時間をオーバーしてくると、講評陣も会場も、皆があなたの話がいつ終わるのかと、待ち始める。これは印象が悪い。これを避けるためには、「全部」盛り込もうとする癖を捨てた方がよい。重要なことから順番に話し、時間が来たら思い切って内容を切り捨て、あとは質疑応答の時間に答えればよいのだ。

大事なことは繰り返せ。――プレゼンでは、必ず伝えたいポイントがあるはずだ。それをどう伝えるか？ プレゼンを聞く側に立ってみると、全く同じ内容の繰り返しは冗長に聞こえるし、とりとめもなくいろいろなことを話されてもポイントがつかみにくい。そこで、一番伝えたいことを少しずつ言い方を変え、三回程度述べてみよう。一度目は予告として、三度目はまとめとしてである。そうすることで、あなたが何を伝えたいかが、講評者に明確に伝わる。

そういう僕も、学生時代のプレゼンと言えば、恥ずかしい思い出しかない。これらを意識するようになったのは、講評する立場にまわってからのことだ。立場を変えて見えてくるものもある。だから、講評会に備える究極の極意は、「**自分が講評者になってみる**」ことである。ぜひ友達と互いにプレゼンをして、講評してみよう。講評者が何を見ているかが、はじめて見えてくるだろう。

松田達（まつだ たつ） 1975年生まれ。建築家。東京大学先端科学技術研究センター助教。1999年東京大学大学院工学系研究科建築学専攻修了。隈研吾建築都市設計事務所を経て、文化庁派遣芸術家在外研修員としてパリにて研修後、パリ第12大学パリ都市計画研究所にてDEA課程修了。2007年松田達建築設計事務所設立。2011年より現職。得意科目／数学、歴史。苦手科目／流体力学。バイト経験／ファーストフード店、家庭教師、設計事務所等。

専門科目が始まったら

コンピュータは設計にどう活かせるか

デジタル技術は現代でも最も変化のスピードが速い分野だ。その全てをカバーするのは無理だから、まずは自分の興味や方向性を見定めた上で、日進月歩の新しい技術環境を知る努力が大事になる。何かが一つ使えるようになれば芋蔓式に他の分野も開けてくるものだから、いろいろ心配せず興味のあるものから掘り下げてみるといい。

設計分野においては、まずはCADが基本になる。無料のデモ版や学生割引、先輩が使っているソフト等を参考に、まずは一つ使ってみよう。Autocadのように実務設計での編集性を重視したもの、Vector Worksのようにグラフィックな描画性にルーツがあるもの等ソフトにも個性がある。プレゼンテーションにはPhotoshopやIllustrator等のグラフィックソフトも必須だろうし、Indesign等の編集ソフトやKeynote等のプレゼンテーションソフトにも早めに慣れておきたい。

最近ではRhinocerosやSketchUp等の汎用3Dモデラを駆使して三次元データでデザインを進

めることが普通になりつつある。組織事務所やゼネコンでは、Revit に代表される、工程やコスト等も総合的に管理するBIMソフトも日常的に使われる。構造や環境解析ソフト等も組み合わせて、自分の興味と進路に応じて多様なソフトウェアの特質と可能性、そして限界にも理解を深めておくといい。これらの3Dデータをプレゼンテーションに使うには、V-Ray 等のレンダリングソフトが必要になる。テクスチャーやライティングの設定等、コツと経験がものを言う分野だ。

意欲的な人は、今から Python や Processing 等のプログラム言語を学んでおこう。これからの時代、オープンソースを活用しながら、与条件とデザインの可能性に応じて、そのつど必要なソフトやプログラムを「つくる」感覚が重要になってくる。Grasshopper 等の感覚的にプログラム(アルゴリズム)を扱えるソフトも急速に普及しており、実務でもそれらを縦横に組み合わせて使う場面もどんどん増えてきている。

さらには、3Dプリンタのようなデジタルファブリケーション技術や、3Dスキャナのようなセンシング技術もすぐに建築の常識になるだろう。技術とデザインとを区別せず一体的に使いこなす感覚を、できるだけ学生のうちに育てておこう。そういう使いこなしができる人材は実は社会でもまだ希少で、即戦力として重宝されるに違いない。

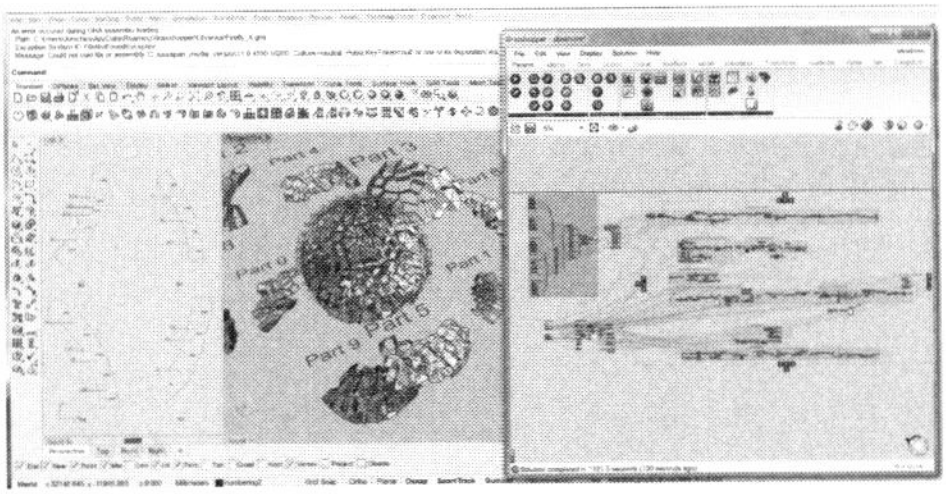
Grasshopper の作業画面

豊田啓介（とよだ けいすけ）1972 年生まれ。建築家。台湾国立交通大学建築研究所助理教授。東京藝術大学非常勤講師。東京大学工学部建築学科卒業。1996 ～ 2000 年安藤忠雄建築研究所。2001 年コロンビア大学建築学部修士課程修了。2002 ～ 06 年 SHoP Architects（New York）。2007 年より東京と台北を拠点に、蔡佳萱と共同で noiz を主宰。得意科目／設計演習。苦手科目／原稿。バイト経験／家庭教師。

卒業が近づいたら

ゼミ選びはビビビッで

大学三年生になると、決断力が問われる場面がやってくる。ゼミ配属、進路決定、インターンシップ、就職活動とくれば、ナーバスになるのは無理もない。しかし、誰もが通る道だから、ここは決断力を磨くチャンスと前向きに取り組もう。特に、ゼミ選びは生涯の友や師匠選びでもある。その後の決断にも影響を与えるので、幸先のよいスタートを切りたいところだ。

真面目な学生ほど「ゼミ選びで迷っています、どうすればよいですか?」といった質問をよくする。「…その質問はナンセンスかな。一般的に迷う場合、判断材料が足りていないことが多い。でも、情報を集めれば必ず答えが見つかるとは限らないよ。最後は直感を信じて自分で決断するしかない」と意地悪なコメントを贈るようにしている。

そもそもゼミとは何だろうか。辞書によると、「ゼミナール(ドイツ語発音)の略で、教員の指導のもと少人数の学生が集まり、各自関心のあるテーマについて研究し、発表や討論により主体

的に学習を進める授業形式」とある。教員がトップダウン的に研究成果を教授する講義形式とは対照をなす。前述の質問がナンセンスな理由はここにある。先生に教えてもらおうという受け身の姿勢ではゼミに参加する資格がないとまでは言わないが、準備不足は否めない。

多くの学生は何を学びたいか、つまり専門分野でゼミを選択しようとする。確かに、建築学科は意匠、歴史、計画、構造、環境など専門分野が多様で、研究方法も振り幅が広い。得意科目を手がかりに専門分野を絞るとゼミの選択肢はかなり整理できるだろう。ただし、落とし穴もある。定員をオーバーするような人気のゼミを希望してしまった場合、想定外のゼミに配属されてしまうリスクがある。よって、ゼミ選びの際は、自分が取り組んでみたい研究テーマを先に思い描いておき、「研究テーマ×○○ゼミ(専門分野)=!?」というかけ算で臨むことをお勧めする。

研究テーマと言うと、難しい単語を並べたくなるかもしれないが、ライフワークと言い換えても構わない。自分にとっては避けては通れない問題とは何か。どこかで見聞きした情報よりも直感を信じて、自問自答してみよう。

直感には根拠がある。初恋と同様に最初の頃はうまく言葉にできないが、丁寧に記憶をたどると全身のセンサーがビビビッと反応した体験があるはずだ。そのビビビッをギュッと抱きしめて決断するとブレなくなる。ピンチはチャンス。困った時ほど粘り強く、直感の根っこを言葉にしてみるとよいだろう。

谷村仰仕（たにむら たかし） 1975年京都生まれ。広島国際大学住環境デザイン学科講師。京都工芸繊維大学にて学部（Erwin J. S. Viray ゼミ）から大学院の修士・博士課程（古山正雄ゼミ）まで9年間、建築論や都市論を学ぶ。得意科目／フィールドワーク。苦手科目／恋愛。バイト経験／居酒屋、塾講師、家庭教師、設計事務所、造園、イベント設営、蕎麦屋、清掃業、実測調査、TA、通信教育の添削、非常勤講師等。

院試が近づいてきたら

三年生も終わりに近づくと、就職を決めた人を除くほとんどの建築学生の頭をもたげてくるのが院試ではないだろうか。そもそも四年生は実に多くの決断を迫られる年である。研究室配属に始まり、院試、そして卒業設計のテーマを決め、走りきると学部卒業となる。そのなかでも次の二年間の所在を決める大学院試験は、まさにビッグイベントだ。

事実、かなり昔のこととはいえ、私も四年生の頃の目まぐるしい日々は鮮明に覚えている。まず研究室配属で希望の設計系の研究室に入れず落ち込み、起死回生を狙って一生懸命勉強したはずの院試は惨敗。院浪するか、それとも海外の大学院なんてことも考え始めていた秋初旬、親友の勧めで受けたもののまさか受かると思ってなかった東京大学から合格通知が届いた。結果的に学部とは違う大学院へ行くという想定外の方向に進むこととなったが、それがその後のスイス留学・スイスでの就職へとつながっていったことを考えると、この分岐点は私の人生にとってあまりに大きい。

まず既にはっきりと目標の大学院が見つかっている人のために、具体的な院試準備について書いておきたい。ポイントは三つ、「過去問」「英語」「即日設計」。院試では「過去問」は大学入試以上に重要になってくる。他大を受験する場合には入手自体が困難なケースもあるので、なるべく早く手に入れ、手始めに数年分解いてみよう。それだけでかなり先が見えてくるはずだ。「英語」は点数の差がつきやすい科目なのでぜひ味方につけてほしい。TOEICやTOEFLの点数を試験の代わりとしている大学もあるので、その場合には今すぐ準備を始めたいところだ。得意・不得意の個人差が激しい「即日設計」は、時間配分を制しなければ始まらない。慣れていない人は、必ず友達等と時間を計りながら過去問に取り組もう。

そして全ての人にお勧めしたいのは、自分のやりたいことが学べる教育環境のあくなき探求だ。先輩の体験談を聞く、他大の研究室訪問をする、好きな建築家がどこかの大学で教えていないか調べる、気になる研究室の先生の建築作品を訪ねる、など何から始めてもいい。どんどん動いてみよう。建築という深く広いフィールドにおける自分の位置づけを、一から考えられるチャンスは実は思っているより少ない。だからこそ無限の可能性を考えられるこの時期に、できる限りたくさんのシナリオを想定し、自分の将来像を少しクリアにしてみてはどうだろうか。勉強はその後でも間に合う…はず。

高濱史子（たかはま　ふみこ）1979 年生まれ。建築家。2003 年京都大学卒業。東京大学大学院に進学、ETHZ 留学、Christian Kerez、HHF Architects でのインターンシップを経て、2007 年同大学院修士課程修了。2007 ～ 12 年 Herzog & de Meuron 勤務。2012 年 +ft+ ／高濱史子建築設計事務所設立、神戸大学学術推進研究員。2013 年より東京大学特任研究員。帰国後の作品に〈展示壁のある住居〉他。共著書に『海外で建築を仕事にする』。得意科目／なし。苦手科目／ほとんど。バイト経験／カフェ、設計事務所。

卒業論文の極意

巨人の肩の上に立つ――この言葉は、グーグルによる論文検索サービス「グーグル・スカラー」のトップページに常に表示されているから、論文を調べる時等に何気なく目にしたことがあるかもしれない。しかし、この言葉こそが、論文を書くにあたっての「極意」なのである。

論文は、科学の世界において「新しい発見」を報告する唯一の手段である。逆に、その発見がどんなに新しく思えても、論文の体裁を採らない限り、科学の世界で認められることはない。つまり論文とは、何らかの発見が「世界初のものである」ことを証明するためのフォーマットのようなものなのだ。なお、ここで「科学」と呼んでいるものは、理系的なものから文系的なものまで、あらゆる学問分野を含む広義の「科学」である。研究は、全て科学的な手続きに則る必要があり、だから構造系や意匠系等の分野を問わず、研究成果は論文としてまとめることが必須となるのである。

また、研究は、世界初の発見を導くものでなくてはならないとされている。したがって、論文を書くにあたっては、過去に類似の研究が行われていないか、まず調べておく必要がある。しかし、いざ調べてみると、過去に多くの人が関連するテーマに取り組み、些末なものから偉大なものに至るまで、たくさんの発見が成し遂げられてきたことに気づくだろう。

ただし、そこでがっかりする必要はない。過去の研究を知ることは、先人たちがどのような方法を使って研究に挑んできたかがわかるという点で、有意義なはずである。論文として公表された成果は、参照源を明記さえすれば、誰もが自由に使ってよいことになっているから、使えそうな方法があれば、試してみるのもよいだろう。あるいは、今まで試されたことのない方法を考えてみてもよい。建築学には幅広い分野があるから、他の研究室の研究を知ることも、自分の分野での独創的な研究方法を思いつくきっかけになるかもしれない。ちなみに、僕は学部時代、とても出来の悪い学生だったから、研究室配属時、自分が入れそうな研究室を、分野の区別なくかたっぱしから訪問するはめになってしまったのだが、そこでたくさんの先生とお話しして、建築学の全体像が何となくつかめたことが、その後の研究にとても役立った。

いずれにせよ、研究は、先人たちが積み上げてきた石の山の上に、自分なりにようやく小さな石を積むような、地道な作業である。しかし、その山の頂上に至ってはじめて見える光景は、まるで「巨人の肩の上」から眺めるかのような、爽快なものなのだ。

門脇耕三（かどわき こうぞう） 1977年生まれ。明治大学専任講師。2000年東京都立大学卒業。2001年東京都立大学大学院修士課程修了。東京都立大学助手、首都大学助教を経て、2012年より現職。博士（工学）。設計課題は浮き沈みが激しいタイプ。教養課程にあった「映画」という科目は、外部の評論家の先生が教えていたこともあってか熱心に取り組み、唯一自慢できる成績を取得。得意科目／なし。苦手科目／専門科目全て。バイト経験／組織事務所にたまに顔を出す程度。

卒業設計の極意

卒業設計の困難さは、敷地とプログラムの両方をまずは独力で整えなければならないところから始まる。現実の設計においてもまずあり得ないこうした状況には、およそ方法論と呼べるようなものがない。与えられたプログラムを、決められた敷地のなかでいかに解くかという枠組みにやっと慣れてきた頃、問題提起と回答の両方を、同時に求められる場に放り出されることになる。考えあぐねるうちに前提は次第に変化していき、定数と思い込んでいたものはあっさり変数へと変わっていってしまう。それでもそこで何かを定着しようと思えば、揺れ動き、横滑りしていく対象をなんとか定位する必要が出てくる。リサーチや分析から引き出される「説得力」を軸とするか、個人的な体験を普遍的なものへと昇華させる「強度」を求めるか。あるいはそうしたことが些末に感じられるほどの圧倒的な「空間」が想起されることもまたあるだろう。いずれにせよそこでは、他者を刮目させる新しい価値の創出が求められることになる。

口で言うのはたやすいが、もちろん実際には相当に悩ましい作業になるはずだ。自らが属する社会の常識を問い直すことは、自らの判断基準を疑うことと同義であり、確かにストレスを感じることになるだろう。しかし、その上でなお新たな価値を創出する力の涵養こそが重要なのであり、その過程で味わう苦しみはまさに成長を担保する当のものとなる。昨今の社会状況を見れば、前提とされていた見識がいとも簡単に変わりうることは歴然としている。世界の枠組みは強固に見える一方で、実は相当に脆いものでもあるのだ。そのなかで建築は、建築にしかできないことを、建築を通して実践していくよりほかない。世界を判じるまなざしの強さには、教師も学生も大して違いはない。むしろ慣習に染まる前のフレッシュな見立てこそが求められている。「建築か革命か」とは、ル・コルビュジエによる二〇世紀初頭のアジテーションであるが、人間のヴィジョンを強く押し広げる能力は、近代以降の建築に備わる最大の特質であったはずだ。

卒業設計を通して、まだ見ぬ世界の一端を一瞬でも垣間見ることができれば、それは生涯持続するモチベーションとなるだろう。自らの建築的思考に自ら補助線を引き、実際に一つの楔を打ち込んで帰ってくること。誰に強制されるわけでもない放浪の旅だと思えば、これ以上の愉悦はあるだろうか？

高橋堅（たかはし　けん）1969年生まれ。建築家。高橋堅建築設計事務所主宰。東京理科大学／京都造形芸術大学非常勤講師。東京理科大学大学院、コロンビア大学大学院修了後、青木淳建築計画事務所を経て、独立。作品に〈弦巻の住宅〉〈東京理科大学コミュニケーション棟〉〈姫宮の住宅〉〈BRASS CLINIC〉〈東玉川の家〉〈のりたまハウス〉等。得意科目／設計製図。苦手科目／実験レポート。バイト経験／設計事務所、本屋、ヨット磨き等。

留学って難しいの？

留学は、どうやってする？——留学の形態は大別すると、①現所属の大学・大学院が斡旋している一年間等の交換留学、②修士等の全課程を留学先で修める正規留学、の二つだ。交換留学制度は、留学中の単位認定や学費免除等のメリットがある場合も。僕の交換留学の場合は生活費補助もあったので、留学中は仕送りが不要になり、親が喜んでいた。正規留学でも、国や大学によっては学費や生活費が日本より低い場合もある。いずれの場合も一年以上前からの準備が必要だ。交換留学は大学の学生課で、正規留学はインターネットで情報収集しよう。

外国語は、できなくても大丈夫？——誰でも言葉が心配だ。しかし、日本人の平均的な英語力しかないなら、ハイレベルな英語ができて当たり前の英語圏より、一見敬遠されがちな非英語圏の方が、実はやりやすい。非英語圏ではほとんどの留学生が初級現地語と英語の混合だから、気負わず交流できる。初級者が多いことは、語学研修を設けている大学も多いことからもわかる。

僕の場合、留学先がスイスのフランス語圏だったので、最初の三ヶ月はみっちりフランス語を勉強させられた。さらに建築は、視覚的表現が使える分野。言葉に頼らないコミュニケーション力を身につけるまたとない機会なのだ。言語に惑わされず、自分の興味・関心を優先して留学先を選ぼう。

外国生活には、何が必要？——渡航前にはビザ、現地到着後も滞在許可証や在留届等、様々な手続きが必要になる。留学先の学生課等にメールを書いて手ほどきを受けたり、同じ大学に留学した先輩から体験談を聞くのもいい。最も悩むのは住居。学生寮があれば簡単だが、ない場合は一つのアパートを知らない学生同士でシェアして借りることになる。探し方も先方の学生課が教えてくれるだろう。また、国・地域によって習慣は異なるが、男女が一緒に住んでいることもめずらしくない。僕の経験では男女混合の方がアパートが清潔なのでおすすめだ。

留学後は、どうなるの？——多くの友人ができているだろうし、友人以上の人もいるかもしれない。やりたいことや行きたい場所も増える一方だったろう。帰国後の復学や就職の心配もある。だから帰国が留学で最も難しいと言えるくらいだ。ただ、帰国したくないと思えたなら、それまでの困難や苦労が報われたということだ。そしてそれは、知らぬうちに、思いがけないことから影響を受け、なんらかの変化を遂げた自分がいるということ。それが何かは留学した者のみが知りえる。留学は長いようで、あっという間。思い切って飛び込んでみよう！

木村浩之（きむら ひろゆき） 1971年北海道生まれ。建築家。1997年大学院修士課程を休学し、スイス連邦工科大学ローザンヌ校留学（交換留学制度利用）。1999年東京大学大学院修士課程修了。同年スイスに戻り、留学中の就職活動でインターンシップ（期間1年）が決まっていたディーナー＆ディーナー建築事務所（スイス・バーゼル）に入所。半年経た時点で建築家として再雇用され、現在に至る。得意科目／学部外講義のもぐり履修。苦手科目／午前中の講義。

心に残る授業、座右の教科書

乾久美子

いぬいくみこ／1969年大阪府生まれ。建築家。1992年東京藝術大学美術学部建築科卒業。1996年イェール大学大学院建築学部修了。青木淳建築計画事務所を経て、2000年乾久美子建築設計事務所設立。2011年より東京藝術大学美術学部建築科准教授。バイト経験／磯崎新アトリエ、曽根幸一・環境設計研究所等。

藝大時代

東京藝術大学にはアクの強い人が多く、入学してまず面食らいます。浪人生も多くて、年取った感じの人ばかりがいるところに入っちゃったなあと戸惑いました。学生寮も都築響一さんの『TOKYO STYLE』という写真集にも載るほど独特な文化があって、自由で面白かったです。免疫のない現役生が突然そんな自由な雰囲気に溢れた共同生活を始めたからか、日常のリズムがかなり崩れました。

建築学科では、バブル時代の当時だったからか、参照する建築を見つけられず、何を見ても面白いと思えない難しさがありました。それでもある程度のものはつくらなきゃいけないなと思って課題には没頭していました。藝大はとにかく競争が厳しい。建築科の学生は違うのですが、他科の学生

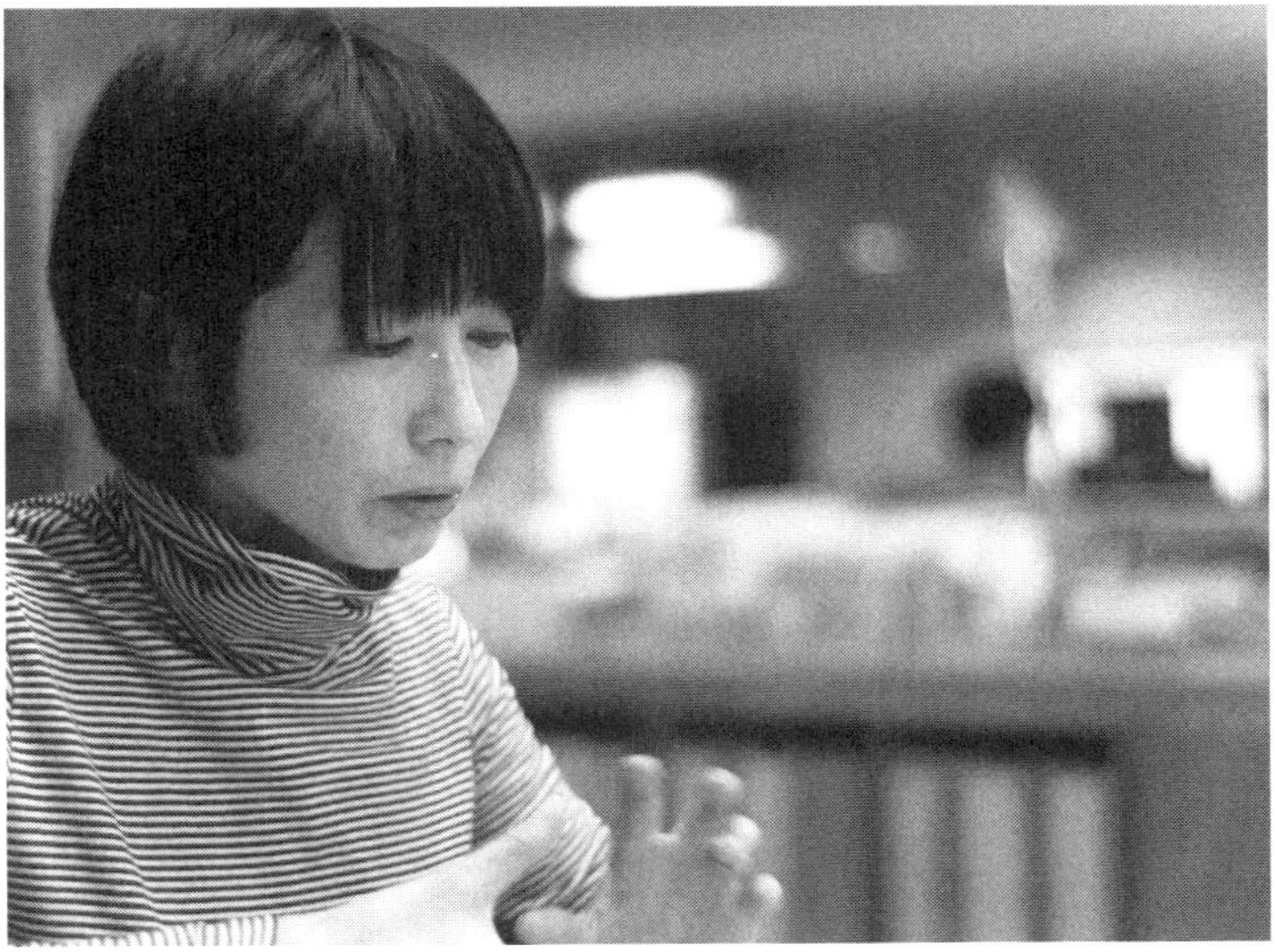

は一年生でも早熟で芸術家然としています。そんななかでは早くから表現者としての才能の有無が問われ続け、厳しい競争のなかでもやっていけることをアピールすることが必要で、その最大のアピール場所が課題です。だからエネルギーのほとんどを課題に費やしていました。ということで、座学はほとんど記憶にございません（笑）。座学にはあまり身が入らない学生でした。

イェール大学のこと

しかし大学院でアメリカに渡ると授業料も高いですから、さすがに寝ていたらまずい。イェール大学ではM. Arch Programというプログラムで三年間過ごしましたが、そこで藝大の座学で習ったことを復習するいい機会を得ました。

なぜ留学したかというと、たぶん同じ世代の方にはわかっていただけると思うのですが、日本でバブルの時代に建築を学ぶことの難しさを痛感したからです。興味を覚える建築が雑誌には載ってないし、業界全体に夢を感じられない。建築は面白いはずなのに、日本にいる限りそれが実感できない。とにかく違う場所に行って建築が社会に役立っている状況を体験しないと、このままものをつくる、建築を設計する人間になり損ねるんじゃないかという焦りがありました。アメリカは歴史が浅く人工的なところが面白そうだし、環境としては全く異なるのでいいのではないかと。また、東海岸と西海岸とでイメージが変わるのですが、東の方が理論的なことも教えてもらえるのだろうなと思って留学したのがイェール大学でした。行ってみると、イェールは当時流行していたニューアーバニズムの理論を唱える先生が多かったです。都市計画的な視点と建築のデザインを一体的に思考するデザインは、藝大では出会えないタイプで面白く、結局三年間居着いてしまいました。

とはいっても、ニューアーバニズムのデザインボキャブラリーは日本人の若い学生にとってはアメリカのオールドタウンのフェイクにしか見えずなじめない。なので地域主義的なアーバンデザインの手法を学びつつ、一方では当時爆発的な人気を博したOMAの『El Croquis』を見ながら、新しいグローバルスタンダードとも言えるデザインを真似していました。アメリカにいてよかったのは、今、日本で問題となっている地方都市の再生がすでに課題になっていたことです。変なデザインをすると、こんなことやったらすぐバンダリズムに合うよとか言われます。設計の善し悪し以前にそういう評価がくる。実際イェールのあるニューヘブンの中心市街地は、大学構内と言えるエリア以外はほとんどスラムと言える状況でしたので、すごくリアルです。当時の日本で都市計画というと経済最優先の再開発をしているイメージがありましたが、建築や都市計画が都市の問題に直接係るのだとわかりました。

今でも印象に残っている授業は環境工学。ゲーム形式なんです。無一文のホームレスになってしまった。ニューヨークの真冬の寒空の下で死なないためには何ミリのスタイロフォームの箱に入って寝ればいいのかという、非常に具体的な問いが与えられて笑えました。みんな楽しみつつ真面目に計算していましたね。死にたくないですもんね（笑）。もう一つよく覚えているのはディベロッパーになる授業。儲かるオフィスビルをエクセル等使いながら考えさせ競わせて、非人間的な設計をさせる（笑）。皆、普段はデザイン最優先といった態度をとるのに、とたんに人格が変わってとんでもない設計者になり下がる。お互いに爆笑しながら批判し合いました。面白かったです。聴くだけの授業じゃなく、つい考えたくなる設定がされていたのでよかったですね。

座右の本

藝大一年生の頃はコルビュジエの作品集ばかり見て学んでいました。「デザイン」を感じることができたのがコルビュジエだったのです。二年生あたりで『a+u』のクールハース特集を手にしました。モダンなボキャブラリーを使っているのに現代建築だと認められる人が出てきたことに新鮮味を感じました。しかし当時は資料も少なく、私の建築の理解力も低かったので、彼がやっていることの意味は全然わからなかったです。大学院に入ると状況が変わってＯＭＡの情報もかなり出回り、

OMAに影響を受けつつあった妹島和世さんの活動も目立ってきました。また、ライトコンストラクション展が開催され、もうバブルやポストモダンの時代ではないことがはっきりとしてきました。さらにH & de Mやジャン・ヌーヴェルの作品集が出揃ったりと、どんどん更新されていく建築デザインを実感できる時代でした。なので、そのあたりの作品集を手当たり次第参照しましたね。

イェールではコーリン・ロウやヴィンセント・スカーリーを読むのが当然でしょうという空気がありました。コーリン・ロウの『理想的ヴィラの数学』とかヴェンチューリの『建築の多様性と対立性』を手にとり、建築理論が何を語ることなのか、建築意匠を考えるとはどういうことなのか、そうしたことに興味を覚えました。なんとなくですが、これは絶対面白い本だからわかるようにならないとまずいと思って、何度も読みました。『コラージュ・シティ』や『マニエリスムと近代建築』等も意匠とのつながりを感じることのできるテキストでした。

教鞭を執ること

現在、藝大では「建築材料」という授業を教えています。材料と建築表現の関係を解説する授業なのですが、オーソドックスな近代の材料だけではなく、現代的な材料と言えるプラスチックや工業的な二次製品も説明の対象にしています。一年目はいろんな事例を見せてレポートを書かせてみたのですけど、かつての私がそうだったように、皆、寝ちゃうんですよ。これは駄目だと思って、二年目から矩計を描かせる授業にしました。たとえば石を使った時にはどういう断面になるのか、木造だとどんな矩計になるのかを描かせることで、なんとか興味をキープしてもらう。なので、材料の授業なのですが、建築施工とかディテーリングにまで踏み込んだ授業になってますね。私は、実務を始めてますます建築の勉強が好きになりました。実現したいデザインの方向性がある、そのために何が必要なのかを考えてひたすら勉強する。そうしたデザインと座学とが密接に関係しているダイナミズムを味わってほしいなという思いから授業で矩計を描かせることを始めたのですが、学生の反応は上々です。内容は覚えていなくても、面白かったという記憶だけは残るじゃないですか。せめてそこまではもっていきたい。

建築学生へ

最近の学生は真面目です。早くから就職を考えて一生懸命やっている皆を見ていると、頭の下がる思いがします。ただ、無駄なことをたくさんやった自分の学生生活は、今、何かしらの効力を発揮している気もするんです。だから金銭的に、精神的に余裕がないといって無駄なことをしない学生の態度を見ていると、本当にそれでいいのかなと。あと「変わった人間」になろうという人が少ないですね。かつては明らかに世の中から逸脱したがる人がいたんですよ。たとえば、我々の世代での有名どころではAAスクールにいたジン・ヨハネスさんとか。日本人なのにジン・ヨハネスって、まずその時点で何かがおかしい(笑)。そういう学生って、最近いないのかもしれません。ジンさんになれとは言わないんだけれども、ものをつくる人間にとって、ハメをはずす時期とか気概のようなものは必要な気がします。

(二〇一三年一二月三日、乾久美子建築設計事務所。インタビュー：花房佑衣、写真撮影：岩田量自)

思い出の課題――自分の武器をつくるための演習

大学入学当初、様々な素材を扱い造形力を鍛える演習授業をいくつか体験した。そのなかでも、金属を加工する授業でナイフをつくったことが印象的だ。この時に「鍛金」という造形手法を学んだ。金属を叩きながら造形していく技法である。少し大げさだが、刀をつくる鍛冶屋を想像してもらうとどんな技法かがわかりやすいだろう。ナイフをつくるには様々な工夫が必要だった。ナイフには切断という機能が求められるので、一般的な鉄と鋼をウエハース状に何層にも重ねた金属を使用することで強度と滑らかさを担保し、使い勝手を高めている。この金属をつくることから始めるのだが、この作業にはスキルが必要だ。そこで、1000 ℃の烈火にあてられ真っ赤になった鉄板を、金槌で何度も叩く訓練を行い、技術の体得をしていった。鉄板の熱と鉄板を叩く時に金槌から伝わる反動を感じ、身体的に知識を身につけている体験をした。こうしてできた黒くでこぼこの素材を削り、今度は鏡のようにピカピカになるまで研磨しながらナイフをつくっていった。

このように材料の調合から行い、技術を体得し、デザインを考え、機能を持つ作品をつくり上げることは、私にとって豊かな経験だった。

しかし、「ナイフと建築にはどのような関係が？」と思われるかもしれない。大学を卒業した今となってみると、この過程が建築的あるいは建設的だったと振り返ることができる。それは、素材に合った造形技法を試みた点やその造形技法を体得するにはどうすればよいか思考した点、また制作物には美しさと機能とが求められる点である。このように、建築に対する固定概念がない時期に他分野の経験を重ね、建築に通じる本質を見つけることで、それが建築を設計する時にその人の個性という武器になるのではないだろうか。鉄は熱いうちに打て！

近藤洋輔（こんどう ようすけ）　1990 年生まれ。2013 年静岡文化芸術大学デザイン学部空間造形学科卒業。現在、同大学大学院デザイン研究科寒竹研究室在籍。得意科目／現代建築史。苦手科目／構造力学。バイト経験／塾講師、引越アシスタント。

3
CHAPTER

日常生活

学生生活は、もちろん勉強だけではない。生活スタイルの全てが、高校までとは、大きく変わるだろう。普段の生活が充実すれば、建築はもっと楽しくなる。有意義な学生生活を送るために、ここでは建築学生ならではの日常生活の楽しみ方を紹介する。衣食住から部活、恋愛、アルバイトまで、全ての道は、そう、建築に通ず。(松田達)

一人暮らし？　実家暮らし？

一人暮らしの醍醐味は、経験してみなければわからない。そして、実家暮らしのありがたみも、一人暮らしを経験してみなければわからない。つまり、できれば学生時代のあいだに一度は、一人暮らしをしてみることをお勧めする。

私の場合、入学当初は奈良の実家から京都の大学まで一時間半かけて通っていたのだが、二ヶ月後には一人暮らしを始めた。入学早々、住宅のトレース課題が始まると同時に、昼夜逆転した生活と友人宅への居候生活を余儀なくされ、あっけなく実家から通う生活を諦めたのだ。

始めてみるとすぐにわかる。一人暮らしの醍醐味は時間に縛られないことだ。終電を気にする必要がないから、朝は好きなだけ布団にもぐり、昼間の授業にかろうじて出席した後、夕方からは制作に没頭し、日が変わるとラーメン屋へ駆け込み、夜明け前に眠りに就いた。

また、自分が思い描く部屋をつくりあげることもできる。

私の場合はモデルルームにあるような花柄の壁紙や装飾的な家具は一切やめて、壁にシナベニヤを打ちつけ、『GA』のバックナンバーが整然と並ぶ、建築学生風の本棚をあしらった。こうやって満喫した一人暮らしの学部時代を経て、一転、大学院では実家暮らしに戻ることになる。単純に、卒業制作にのめりこみ部屋の契約更新を忘れたのがきっかけだが、ハードな一人暮らしに息切れしていたことも事実だ。

四年ぶりの故郷。家族との会話。健康的な食事。清潔な下着。これが実家暮らしのメリットだ。大学院でもタフな生活は続いたが、久しぶりに戻った実家で、近所の公園で遊ぶ子供の声を聴き、若草山の山焼きの跡を眺めながら制作に没頭する時間も悪くない。製図室とは半ば決別、たまに顔を出しては模型材料を拝借する程度だった。

幸い奈良には古建築がたくさんあるため、それらをしらみ潰しに訪問できる環境のありがたさも実感できた。

親に甘える生活にこれでいいのかと自問しながらもメリットを捨てきれず、結局学生最後の二年間、実家暮らしを続投した。

一人暮らし？　実家暮らし？　私は幸運にもその両方を経験することができたが、どちらの環境もそれぞれに意味がある。自分に合った学生生活を満喫してもらいたい。

田中裕大（たなか ゆうだい）　1987年生まれ。日建設計設計部勤務。京都工芸繊維大学大学院建築設計学専攻修了。得意科目／物理学。苦手科目／語学全般。バイト経験／設計事務所。

シェアハウスに住んでみよう

複数の人間で一つの家をシェアして住むシェアハウスをご存知だろうか。僕の周りにも、シェアハウスに住む友人が六組ほどいる。年々一組ずつ増えてきた印象だ。僕自身も大学院修士2年の春から始めたのだが、共同生活に必要なのはルールよりも信頼関係だと実感している。

とはいえ、多くのシェアハウスには衝突を避けるために「掃除当番（業者委託の場合も）」や「友人を多く連れてこない」「深夜に騒がない」といったルールがある。また、各種トラブルに対応できる管理体制が売りの業者も急成長している。こうした業者をウェブで探せば、安心で手軽だし、職業も世代も異なる全く知らない人々と交流できるかもしれない。逆にその点にハードルを感じる人には、掲示板「ルームシェアジャパン」等のように、自発的なグループをつくってからシェアするやり方もある。大学も学年も異なるが建築学生だけでシェアハウスをしている僕らは、こちらの自発的な側に属していて、特にルールはない。僕らは友達の自宅に住み込みでコンペを

やったことをきっかけに、男三女二猫一と、別によく出入りする人たちも含めて生活を始めた。

シェアハウスのメリットは、物ばかりか時間や知識までシェアできることにある。休日の外出、日々の料理だけでなく、夜には写真を習い、服も貸し借りできる。建築学生五人の本を合わせた蔵書数は事務所顔負けだ。課題のエスキスも展覧会情報もシェアしている。持ちものが少ない身軽さと、時間や知識の共有が両立できるのだ。武蔵境駅近くの一軒家の一部と離れを五人でシェアして、部屋の広さによるが僕の場合六畳の部屋とインフラで月四万五千円。郊外のキャンパスに通う学生だと、家族向けマンションをルームシェアする場合が多いようだ。

もちろん共同生活には争いが付きものだ。多忙な建築学生にとって共用の洗濯機にひと月洗濯物を入れたままとか、食器を数日放置するとかはめずらしくないが、我の強い住人たちもこれを説教される時ばかりは反省して改める。設計を志す人間ならば、自分の考えを言葉で他人に伝える面倒は避けられない。相手を思って説得するコミュニケーション能力も、至らぬところは互いにカバーするという配慮も、シェアハウスのオプションである。友達として始まった僕らの関係は、共同生活を通じて家族のような関係にまで至った。シェアハウス内の男女関係というようなおいしい話も僕らにはない。血気盛んな男女が同居しながら、ルールなしでも信頼のもとに安定した関係を築いた姿は、新たな都市家族像なのかもしれない。もっとも、日常が充実しすぎて結婚は遠のくばかりではあるが……。

堀江優太（ほりえ ゆうた） 1989 年岐阜県生まれ。東京理科大学工学研究科建築学専攻修士 2 年。受賞に「第 1 回 大東建託賃貸住宅コンペ 最優秀賞」「日本建築学会 集積するストラクチャーアート 2012 最優秀賞」等。2013 年松島潤平建築設計事務所にて「新しい建築の楽しさ展」会場構成担当、東海大学建築サークル主催 o+h 大西麻貴講演会にて学生パネラーとして登壇。得意科目／構法計画。苦手科目／環境工学。バイト経験／日本設計他。

自炊をしよう

料理はいつだって正直な結果をもたらす。建築が設計図に基づいた建材の組み合わせで実現するように、料理も、食材をレシピに沿って調理することで生まれる。もし一人暮らしを始め、食事の面倒を自分でみるという事態が訪れたとしたら。うまい定食屋の情報を仕入れておくのも重要だが、包丁を握り、鍋を振って自炊することをお勧めしたい。

まずは包丁を一本と、まな板を一枚用意しよう。まな板は桐が好ましい。包丁が食べ物を切り刻んだ時の手応えが（あるいは刃がまな板にぶつかる時の軽い音が）、プラスチック製等とはまるで違うからだ。使うたびにざっと洗って立てかけておけば、そうカビに悩まされることもない。

蓋付きのフライパンと鍋も一つずつ手元に置きたい。だが、面倒なら、大振りな中華鍋一つでも多くの用は事足りる。第一、洗い物を減らすことができる。使い終わった調理器具を片付けながら料理を進められるようになれば、一人前である。

茶碗やお皿、お箸、コップの類は……とりあえず一人分でいいか。いや、何かあった時のために、二人分は用意しておこうか。レス・イズ・モア。生活に要する物のボリュームを自分で決めることができるのも、自炊生活の喜びの一つである。

スーパーや商店街での買い出しも楽しい。自炊生活において、住まいの周囲は、冷蔵庫であり、旬の食材を通じて季節を知らせてくれるカレンダーでもある。自炊は金がかかるからさ、などとうそぶく友人の発言は聞き流そう。毎日外食する方が高くつくに決まっているし、自分の身体を自分自身の料理でつくり上げていくと考えれば、何やら面白いではないか。

とはいえ、慣れないうちは、おそらく一人では食べきれないほどの量の食事をこしらえてしまうだろう。作り過ぎたら、食べ過ぎなければならない。ではパスタは一体何グラム茹でるのが好ましいのだろうか？　八〇グラムってどれぐらい？　何度でも失敗しよう。全て経験が教えてくれる。そしてその経験は、もしかするといつか設計に役立つことがあるかもしれない。キッチンが住宅の要だと考える建築家も、一人や二人ではないはずだ。

映画監督の伊丹十三は、あつあつに茹で上げたパスタにごろんとしたバターを絡ませて削りたてのチーズをまぶす。たったそれだけの自炊を、大威張りでエッセイに書き残していた。でも、この料理がうまいのだ。気楽に第一歩を踏み出して、食事を楽しむ生活を始めよう。

山崎泰寛（やまさき やすひろ）　1975年生まれ。編集者。横浜国立大学教育学部卒業。京都大学大学院教育学研究科修了。京都工芸繊維大学大学院博士後期課程修了。博士（学術）。2007〜2012年建築ジャーナル編集部。主な作品にフリーペーパー〈ROUNDABOUT JOURNAL〉（TEAM ROUNDABOUT）。著書に『リアル・アノニマスデザイン』（共編著）等。得意科目／近代建築史。苦手科目／運動全般。バイト経験／家庭教師、塾講師、ファストフード店員等。

体育会系部活との両立

多くの建築学生は、体育会系の部活はあまりにハードで、授業や設計課題、バイトとの兼ね合いから両立は困難と感じているのではないだろうか。事実、僕自身もそう考えていたが、思い切ってラグビー部への入部を決めた。案の定、課題で徹夜が続いた上そのまま部活に行くこともあれば、試合で怪我をするかもしれないので、その前に模型を作ってしまうなどの段取りを覚えたりと確かにハードな六年間を送ることになった。しかし、学んだことはそれ以上に多かった。

まず、前述のように両立を通してタイムマネジメントを覚えた。大学生なのだから勉強が第一。だからと言って課題の提出前は部活を休むのではなく、あくまで両立に努めた。実際、課題と言っても二四時間そのことばかり考えればいいわけでもない。切り替えてうまく折り合いをつける必要がある。どうしても部活を休まざるを得なかった時は、自主練で補った。そして参加した練習で休んだ分も頑張るという、当然のことを当然のようにすればいい。それができれば誰も悩ま

ないと思われるだろう。しかし、こうやって体力的にも厳しい状況に何度か身を置くことによって、多少のことでは弱音を吐くことなどはなくなる。いかにも体育会系らしい根性論に聞こえるだろうが、経験者にしかわからない気分なのだ。

もう一つは、主体性を養えたこと。そのラグビー部には監督がいなかった。つまり受け身ではいられず、常に考えるべきことがたくさんある。しかも二、三年生で主将を務めた時には、多くの上級生に囲まれながら年上を尊重し、チーム全体で向かおうと思う方向へ導く必要性があった。このことは、実際に建築の現場でも多いに役立つ。年上の職人がたくさんいる現場で、あるいは設計のクライアントに、わかりやすく考えや内容を伝え説得する必要が頻繁に出てくるからだ。

さらに、建築学生以外の仲間ができる。建築学生は課題の忙しさ等を理由に、家と製図室の往復になりがちだ。しかし、建築は建築を勉強した人のものだけではなく、全ての人のものである。部活には他学部・他学科の人が大半で、専攻内容は大きく異なる。彼らに建築の話をすると、普段製図室にいては聞くことのできない考えも聞ける。こういうことが、すごく貴重で大切なことだ。

多少言い方は悪いかもしれないが、これだけの社会的姿勢を学べば、結果として当然、就職活動での受けは抜群だ。

もしあなたが体育会系部活に関心があるなら、守りの姿勢に入る必要はないと思う。短い学生生活なのだから、積極的に日常生活にも部活動にも取り組んでもらいたい。

栗原史佳（くりはら ふみよし） 1989年生まれ。鹿島建設株式会社勤務。2012年 京都工芸繊維大学造形工学課程卒業。2014 年京都工芸繊維大学大学院建築設計学専攻修了。趣味はバックパックでの海外旅行、神輿。スポーツ経験は野球8年、ラグビー10年。得意科目／構造力学、絵画実習。苦手科目／環境設備。バイト経験／ゼネコン・組織設計での模型製作、公文式の先生、焼き鳥屋。

建築女子学生の日常生活

建築学科に入ったからには、女子も男子も同じである。

華の女子大生生活は、楽しくもめまぐるしい建築修行に明け暮れる日々であった。これは私に限ったことではなく、建築学科の女子全体に言える風潮である。

建築学科に入ってみると、やりたいこととやらねばならないことが一気に襲ってくる。たとえば課題発表がされたら、毎日その課題に取り組みつつ、コンピューターを使えるように勉強し、放課後には先輩の模型を手伝い、アルバイトに明け暮れ、休日にはオープンハウスを見学に行き、傍らで留学のことを考え、コンペに取り組み、さらには恋人までつくらなくてはならない。あまりにも時間が足りない。

そんなふうに毎日ぐるぐると回っているので精一杯で、女子学生らしいことはしてこなかった。学校の机の下に寝袋を敷いて寝泊まりし、学食のメニューを制覇し、化粧を怠り、設計中は自身

の不甲斐なさから情緒不安定になる。徹夜が続くと昼夜が逆転し、思考が停止し、限られた時間に追われて判断力が鈍る。

自身の大学生活での大きな反省点は、きちんと人間らしい生活を最大限に送っておくべきだったということ一本に絞られる。最大限の生活とは、なんともない日常生活を罪悪感なく、きちんと吸収しながら送るという意味である。料理をしない子に台所の設計は難しい。動き方も手順もコツもわからない。それと同じで、経験からしか設計はできないようにできている。よりたくさんのことを経験したもの勝ちなのである。時間に追われた徹夜生活からでは決して得られないことがある。映画を見たり、買い物に出かけたり、ぼんやりとただ一日を過ごすことにも意味がある。日常生活のなんと尊いことだろう。やりたいこととやらなければいけないことだけに追われず、今できていることを鮮明に吸収し、楽しむ余裕が欲しいものだった。

いざ建築学生生活が始まってみると、てんやわんやな日々が続き、時間に追われる感覚に襲われることと思う。しかしふと冷静に考えてみると、建築学は昨日や今日につくられたものではなく、これまで長い時間をかけて積み上げられてきたものである。学生時代の四年間では、到底追いつけるような目標ではない。けれども安心なことに、建築は逃げてはいかないので、これから一生をかけて誠実に追いかければよい。焦ることなく、そのぶん日常を味わって過ごして、世の中のありとあらゆることを楽しく語ることのできる味のある建築家になってほしいと思う。

冨永美保（とみなが みほ） 1988 年東京都生まれ。東京藝術大学美術学部建築科教育研究助手。芝浦工業大学建築工学科卒業。横浜国立大学大学院都市イノベーション学府 YGSA 卒業。卒業設計日本一決定戦 2011 日本一受賞。横浜国立大学学長賞、YGSA（山本理顕）賞受賞。JACS 住宅コンソーシアム 2011 最優秀賞受賞。得意科目／なし。苦手科目／なし。バイト経験／ファミレス３年、結婚式場３年（対比的な職場で、勉強になりました）。

飲めても飲めなくても、お酒は楽しく

近年「若い人はお酒をあまり飲まない」と聞くが、飲んで醜態をさらす人々を見れば、ああなりたくないと思うのも当然である。翌日まで酔いを残せば日々の作業にも響くだろう。しかし、建築学科では、ゼミや設計課題の後に先生や仲間と飲んだり打ち上げたりするし、学外でも他大学生や建築家と飲む機会がある。お酒を多少知れば楽しさも増すだろう。もし買い出しを任されたら、メインとなる先生の酒の好みを把握して（ビールだと銘柄を指定される場合もある）、それを主軸に若い人が多く飲むだろうチューハイ・カクテル系とビールを多く買い、日本酒など強めのお酒をアクセントで入れれば、規模が大きくても対応できる。

外の店へ飲みにいくと高くつくという人もいるだろうが、年上と同席すれば、彼らに多少はご馳走してもらえるかもしれない。また、自分では知り得ない上級の店を経験するチャンスでもある。接客も出てくる品も内装も、いつもと異なるはずだからよく見ておこう。かつて社会学者ブ

ルデューが述べた「文化資本」はそのようにして蓄積されるのだから、建築という文化に携わる人は教養としていろいろ体験した方がよい。伊東豊雄は建築家の条件に「ご当地ソングを歌えること」を挙げたらしいが、これと同じく、国内外を問わず各地の酒を知ると、出身者や現地の人と話題を共有できるし、自分のなかに味の基準を作ることもできる。お酒に出費する代わりに酔うだけ、というのではつまらない。

一方、煙草や喧噪など雰囲気が嫌という人は、幹事になったり自分で店を選んだりして、先手を打ってしまおう。酔った姿を見せられる相手を作れば、リラックスしてお酒を楽しめる。

さらに、どうしてもお酒がおいしくない、飲めないという人は、飲まずともその場を楽しめばよいので、無理する必要はない。自分は飲まずに相手に飲ませるという人もいる（会話の主導権はまた別の話であるが）。とはいえ一度、おいしいお酒をきちんと出す店に勉強のつもりで行くという手もある。筆者は紹興酒が苦手だったが、たまたまそのことを店で話したら、さほど高くないがおいしい紹興酒を勧められ、飲めるようになった。

何より、お酒をコミュニケーションの道具と捉え、よい雰囲気のなかでおいしく飲んでいられることが重要である。特に実家を離れている人には、地元の友達を作っておくと何かと安心である。店内の他の客も含め人間関係を円滑に促す言動に努め、お酒を最大限に利用しよう。

天内大樹（あまない だいき） 1980年生まれ。美学芸術学・建築思想史。東京大学大学院人文社会系研究科（美学芸術学）修了。博士（文学）。日本学術振興会特別研究員（PD）等を経て、東京理科大学工学部第二部建築学科ポストドクトラル研究員。論文に『分離派建築会の展開』（博士論文）、共著書に『ディスポジション』『建築・都市ブックガイド 21 世紀』等。得意科目／地理・レポート科目。苦手科目／美学・数学・実習科目。バイト経験／飲食、塾講師等。

建築人らしいファッション

建築家や建築学生には、ファッショナブルな人が多い。それは、服だけではなく小物にも現れている。靴や眼鏡にまで気を使っている学生もよく見かける。それは、各種デザインに、機能や構成・材料など、建築とつながる要素が多々含まれているからだと思う。そんなことを考えながら、ここでは、少し個人的な話から始めてみたいと思う。

昔、ファッションに関するＴＶ番組を観ていたところ、ある聞き馴れないブランドが印象に残った。特に派手な装飾があるわけでもなく、黒くていたってシンプルという印象だった。それは、フセイン・チャラヤンである。その後の斬新な生地の構成や未来的なイメージ、服に変形という性質を加えるところには、今もなお興味を持ち続けている。代官山にあった世界唯一のフラッグシップショップに何度か足を運んだことがあるが、今はなくなってしまったのが淋しい。チャラヤンの服は、特に女性ものが見ていて楽しくなる。しかし、自分が着ることができないので残念

である。

一方で、ある書籍の仕事をきっかけに興味を持ったブランドがある。コム・デ・ギャルソン(COMME des GARÇONS：川久保玲)である。このブランドでは、男－女という既成の構図が破壊され中性化されている。男女によって着るものが縛られるのではなく、好きなものを着ればよい。実際、男女で同じデザインの服があり、自分の体系に合わせて選ぶことができる。

私は、建築について考える時、形式・構成・性質といったことを中心に考える。だからどうしても、音楽や映画等に接する時もそうしたところに視点をあててしまう。ファッションについても同じである。だから、これらの形式・構成・性質を変えていくデザインには興味をそそられる。

必ずしも、学生たちにこのような視点のみをお薦めするわけではない。学生時代は、好きな服があっても高くてなかなか購入することができないだろうし、まずは気になるファッションを観察することから始めてもよいと思う。流行に流されるのではなく、個人的興味から始めればよい。興味があれば実際にショップをまわってもよい。私は、ショップに行くとできるだけ店員さんと話をするようにしている。すると、意外と様々な情報を得ることができる。

建築人らしいファッションとしての「着こなし」も大事な課題ではあると思うが、建築人としてのファッションとの「接し方」を課題にしてもよいように思う。まずは、肩に力を入れず気楽にファッションを楽しんでいけばよいのではないだろうか。

入江徹（いりえ とおる） 1974年生まれ。琉球大学工学部環境建設工学科建築コース准教授。横浜国立大学大学院博士課程後期修了。得意科目／建築デザイン系。苦手科目／測量実習。バイト経験／ベルボーイ等。

恋をしよう

あこがれの大学生活。高校生のように熱心に授業に出ようと考えている人も、逆に、せっかく大学に入ったのだから、とにかく遊んでやろうと思う人もいるだろう。しかし、建築は学ぶべきことが多い。それらを効率よく学ぶには、授業には出た方が手っ取り早い。そして、しっかり自分のモノにすべきだ。ただし、どんなに良い成績をとっても、どんなに設計がうまくとも、どんなに深く講義内容を理解できようとも、建築の仕事はそれだけではできない。建築の仕事に最も大切なものは、人と人とのコミュニケーション。他人と深く付きあい、信じてもらうことだ。

特に、設計が好きな人は、何かと自分の殻に閉じこもり、他人と疎遠になりがちではないだろうか？　男子高出身で、男ばかりの工学部では、女性に対して気後れしてしまう人もいるだろう。大丈夫だ。女子学生だって男友達を求めている。そして、彼氏を探している。とにかく、はじめは第一印象が大切。だから、まずは身なりを整えよう。清潔感を感じさせるような服装をしよう。

そして、紳士的に行動しよう。大学時代の四年間、それを心がけていれば、将来にわたり、自然にそう振る舞えるようになる。君の魅力は俄然、増す。そして、彼女もできる。

いつも行く路地裏の汚い食堂もいい。でもそこは男同士で行けばよい。せっかくだから、背伸びをして素敵な場所に出かけよう。たとえば美術館や博物館。フレンチやイタリアンレストランもいい。良いものを知らなければ、さらに良いものをつくれない。デートの前には、調査をし、綿密な計画も練ろう。自分も楽しみ、彼女も楽しませる。といっても、思い通りにいかないことも多いだろう。時には喧嘩もし、自分の気持ちが伝えられず、眠れない夜もあるだろう。そんな彼女との出逢い、ときめき、気遣い、行き違いや関係の修復は、建築という人と深くかかわる仕事にとても役に立つはずだ。彼女との関係は、建築家と施主の関係に似ている。彼女を想い、実行してきたことは、設計という行為に等しい。だから恋をしてほしい。他の人に真剣に接してほしい。人を引きつける魅力を手に入れてほしい。そして、自分が良いと思う建築を実現してほしい。

たとえ人と接することが苦手でも、大丈夫だ。人と接する仕事・営業職と、モノをつくる仕事・技術職を分ける形でユニットを組むことや、組織内の設計者、エンジニアとして活動すればよい。どれもできそうもないし、受け入れたくない？　社会に出て、揉まれれば、自分を変えざるを得ない気もするが。大丈夫だ。一生懸命努力していれば、そんなあなたを認めてくれる人は必ずいる。ただし、生活に充分な仕事量を確保できるかどうかはわからないが。

星裕之（ほし ひろゆき）　1969年宇都宮市生まれ。建築家。物書き。宇都宮大学卒業後、近藤春司建築事務所や構造設計事務所を経て、1998年STUDIOPOH設立。設計してきた住宅は35軒、うち12軒は密かに雑誌掲載。著書に『建築学生の就活完全マニュアル』。大学には5年間通い、優は5つのみ。得意科目／設計製図。苦手科目／出席重視科目。バイト経験／スキーショップの店員、金融機関の審査業務、設計事務所等。

デートをしよう！

今度、あの人をデートに誘おう。その時、あなたの前には選択肢が次々に拡がり始めるだろう。車で行くか、それとも徒歩か。身近な電車か、知っているけど乗ったことのない路線か。いや、バスもいいかも。車窓からの風景にほのぼのして、いつもとは違う言葉が交わせそう。船で身近な島に渡れば、ちょっとした冒険ができる。安いＬＣＣのチケットを見つけたら、飛行機で雲だって見にいける。そんな提案に、あの人はいったいどんな顔を見せるだろうか。日常のゆるいつながりもいい。でも、そこに一石を投じる計画的なデートを、建築学生は試みたらどうだろうか。

時間がない、なんてことはないはず。時が常に同じ流れ方をしないことは、あなたも知っているだろう。たとえ短時間であっても、計画されたあなたのデートは胸に刻まれるシーンをもたらして、日常をきっと豊かにしてくれるはず。時間は長ければ長いほどいいというものでもない。お金も同じだ。あってもいいし、なくてもいい。あなたのアイデアと計画力なら、どちらにし

ても素敵なデートになるだろう。

おおまかな方針を決めたら、次はプランニングだ。何を食べよう。どこを見よう。ここで疲れないかな。どんな話で、あの人の笑顔をのぞこうか？　時刻による雰囲気の違いや、今の季節しかできないことに思いを馳せれば、いいアイデアが生まれそう。ネットや本や人の話といった様々な情報に一本の筋を通すのは、あなたの仕事だ。マンネリじゃないけれど、自然なルート。リラックスできて、刺激的な時間。大都市でも、地方都市でも、大自然のなかでも、そんな、あの人とあなたらしいデートのデザインが成立するに違いない。

もうおわかりだろう。デートは建築に似ている。共に情報を収集し、思いつきを検討し、意外な発見を目指しながら、時間と空間を、相手の立場になって組み立てるものだ。

もちろん、物事は計画通りには進まない。他人は思うようにはならないし、偶然の出来事も魅力的。そんな意外性を楽しめる技術も、きっと経験を重ねるごとに上達するだろう。自分の街が別の顔を見せ、隣のエリアへの好奇心も拡がる。勉強をするつもりなんてないのに、もっと直接的に、設計課題の役に立ったりもしてしまう。

男子も、女子からも、デートをしよう。妄想だっていい。設計課題にしても、言ってみれば実際に建つわけではない、想像の計画なのだから。

あなたは自由だし、世界はあなたで変わる。少し大げさに言うと、そういうことだ。

倉方俊輔（くらかた しゅんすけ）　1971年生まれ。大阪市立大学大学院工学研究科准教授。1994年早稲田大学理工学部建築学科卒業後、同大学院修了、同博士課程満期退学。博士（工学）。西日本工業大学准教授を経て、2011年より現職。著書に『東京建築 みる・あるく・かたる』『ドコノモン』『東京建築ガイドマップ』『吉阪隆正とル・コルビュジエ』等。得意科目／なし。苦手科目／設計演習。バイト経験／家庭教師。

接客業のススメ

僕は、大学や自分の建築塾の学生相手に、「アルバイトなら接客業をやれ」と言い続けている。誰もが最初は、「なんで接客業?」と思う。無理もないが、でもこの言葉の真の意味が身体に染みるようになれば、君たちは本当の意味で、深い深い建築の道に足を踏み入れたことになるのだ。

答えを先に言ってしまえば、「接客業は"世界"を創るから」ということになる。そもそも建築とは「ビルディングを作ること」でなく「世界を創ること」なんだ。「アーキ・テクチャー」とはギリシア語で、「原理(アルケー)を知る技術(テクネー)」を言うが、これぞまさに「"世界"を創ること」ではないか。

ここでの「世界」というもののイメージを説明するには「言葉」が手っ取り早いだろう。たとえば日本語・英語・中国語には、それぞれに異なった「単語」(部分)があり、次にそれらを集め秩序立てする「文法」(全体)が用意されている。人間はこうしたプロセスによって現わし出され

た「言葉」を通して初めて（言葉ごとに異なった）「世界」を構築し、それを見ることができるようになる。

ただそうした（秩序立てられた）「世界」とは、何も言語や建築だけに限られたものではない。子供の育て方、料理、人を諭す論法、洗濯物の干し方、朝の挨拶、机の並べ方や書類のホッチキス止めのし方一つにも顔を出してくるものなのだ。そして、なかでも飛び切り難しいのが水商売ということになる。水商売では酒が入る。だから、客は昼間要求すること以上の過酷を平気で強要するようになる。そんな接客業に身を投じ、「最低限」である挨拶や気遣いをきっちりこなせる訓練をしておくことは、あたかも「巨人の星」の大リーグボール養成ギブスを装着しながら建築トレーニングをしているようなものと思えばいい。

往々にして学生諸君というものは、建築という大海を泳ぎながらも、最後まで水が見えずにいるようである。だからこそ、接客という業で「世界」を構成する匂いを嗅ぎ分ける嗅覚を研ぎ澄ますこと、応用問題（建築技術）ばかりに苦心するのでなく練習問題（生きる最低限）をきっちりマスターすること、「根」を疎かにしたままで「花」ばかりを追い求める癖を捨てること、これらは常に要とされるべき事項なのだ。真の意味での建築家を目指そうとするのであれば、こんな筋トレを経てからでなければ、事が成就すること等ないと思ってほしい。

前田紀貞（まえだ のりさだ） 1960年生まれ。建築家。京都大学工学部建築学科卒業。大成建設設計本部を経て、1990年前田紀貞アトリエ主宰。2008年前田紀貞建築塾設立。法政大学、日本大学、東京理科大学、京都精華大学、国士舘大学等の非常勤講師を歴任。主な作品に〈CELLULOID JAM〉〈PICNIC〉〈FLAMINGO〉〈THE ROSE〉。得意科目／建築設計、建築論、建築教育。苦手科目／なし。バイト経験／自動車修理、飲食業、木工場、染色工場、便所清掃、選挙事務所、チラシ配り、塾講師、高校臨時教員、設計事務所等。

大学の外に刺激を求めた学生生活

永山祐子

ながやま ゆうこ／1975 年東京生まれ。1998 年昭和女子大学卒業。同年青木淳建築計画事務所入所。2002 年永山祐子建築設計設立。作品に〈LOUIS VUITTON 京都大丸店〉〈丘のある家〉〈カヤバ珈琲〉〈木屋旅館〉〈豊島横尾館〉他。得意科目／製図。苦手科目／法規。バイト経験／飲食店、設計事務所。

大学だけではもの足りない

私は女子大の建築学科に入ったのですが、入学当時は大学だけでは求めているものが足りないと感じていました。「もっと何かあるはずだ、面白いはずだ」と思っていたんです。大学はのほほんとした雰囲気で、時にはお茶して話して終わっちゃうことも…ある時「こんなことをしていたら時間がもったいない」と。授業以外の時間は外に刺激を求めていろいろな活動に参加しました。

今考えると、大学だけではモチベーションを見出せなかったことが、外に向かう原動力になったので、よかったと思います。私の場合は一～二年生の間はいろいろなものを見て、「やりたいこと」を探すというよりはむしろ「これじゃないな」と思うものを確認していた時期でした。そのおかげで、三年生で「やっぱり建築だ」って思ってから

はぶれずに今日までこれています。

日仏青年会議

二年生の頃、日仏青年会議という活動に参加しました。大学に入ってすぐにパリに行き、とても刺激を受けたので、もう一度ちゃんと見にいきたくて、また、単に旅行で訪れるのとは違うパリが見たくて面接を受けたんです。活動が始まると、向こうから来る学生を迎え入れてどういう体験をさせてあげるかというプログラムを助成金を使いながら企画したり、逆に向こうへホームステイに行くこともできました。建築とは直接関わりのない活動ですよね。

ただ、この日仏青年会議の時、アートが好きな年上の人も多かったので、彼らの手伝いに行きました。知らないことを教えてくれる年上の友達と出会って話すと、教わることが多かったです。

アートキャンプ、舞台設営の手伝い

三年生の時には夏休みを利用して建築ワークショップと舞台設営のボランティアに参加しました。建築ワークショップは、田中泯《みん》さんというアーティストが山梨で主催する「アートキャンプ白州」というプログラムで、象設計集団の樋口裕康さん、左官の久住章さんのお二人と一週間取り組むものでした。そのあと続けて舞台関係のボランティアで舞台設営のお手伝いに参加しました。

最初のワークショップは山梨まで友達と出かけて、ぼろぼろになりながら一週間夜遅くまで作業をし、何とか東京に帰ってきた後すぐまた一〜二週間、舞台セットの設営やや黒子になって舞台に落ち葉を撒いたり、舞台用の大きなスクリーンを製作したりと、動き回っていました。

それまで、建築はプロセスが多くて大きなものは三〜四年という長い期間がかかることにもどかしさを感じていたので、完成度の高い舞台美術を見て、この方がダイレクトな表現ができ、お客さんと何かができるんじゃないかと憧れていました。

三年生で建築の面白さに気づく

ただ、そうは言っても、学生の課題に取り組むばかりで現場を見なければ、本当に建築を見ているとは言えないんじゃないかとも感じていたんです。それに、舞台美術は楽しかったけれど、やりたい方向とは違う気がしていました。舞台は田中泯さんのような圧倒的な存在感を持つ人間の空気によって空間ができてしまっていて、建築にできることが少ないように感じたのです。

そんな時、シーラカンスという設計事務所へバイトに行くと、ただ時間のかかる、タイムラグだと思っていた建築が、実はそうではなくて、日々更新され、最後まで綿密につくり続けていく現在進行形の作業だと気づき、「やっぱり、私には建築なんだな」と理解しました。それからはなるべく建築を見てみようと思うようになったんです。

三年生からは研究室も決まって、みんなでまとまってコンペに挑戦したりするうちに面白くなってきました。私は大学内ではあまり評価されなかったのですが、外部の講師からは評価されたので、課題にも一生懸命取り組みました。

それでも外への関心はずっとあって、アトリエ事務所の単発バイトや建築のイベント等いろんな活動には参加していました。当時、シーラカンスにいた片木孝治さんが面白い人でいろんなことを教えてもらい、そこへ長坂常くんのような今活躍している人たちがいたりと、オープンデスクを通して新しいつながりができました。長坂さんについて東京藝大へ遊びにいくと、中山英之さんや西澤徹夫さん、河内一泰さんたちがいて、単純に「すごいなあ、この人たち」と刺激を受けていました。模型もすごいことになっていましたからね。

東京での息抜き

事務所に泊まりこんでいた時には、時々生き抜きに夜、他のスタッフとクラブに遊びにいくこともありました。渋谷などが多かったと思います。その頃はいわゆる渋谷系と言われる音楽やテクノを結構聞いていました。最近は取り締まりが厳しくなっているようですね。ああいうちょっと非日常的な場所がないと、町ってつまらないですよね。犯罪等の話もあるのかもしれないですけど、多くの人は音楽を単純に楽しむだけに来ていました。そういうものがなくなっちゃうのは、一つの文化だったからとてももったいないです。買い物も好きでよく行きましたよ。渋谷はギャルの時代だったので、私は代官山へ行くこと多かったです。

事務所で過ごした就職後の四年間

もともと私は親が心配するくらいのんびり屋で、高校の時も勉強せず寝てばかりいたなまけものなんです。そういう自覚があったから、就職して仕事をしている間は「なまけちゃいけない」って思いながら、過ごしていました。

就職先の青木淳建築計画事務所にいた時は、プライベートほぼゼロ。とても忙しくて事務所以外で過ごす日常生活はあまりありませんでした。最初から住宅一件を任されたのですが、大学を出たばかりで何もわからず、青木さんも「本当に高校生かと思うくらい何もわかっていないし、何もできない子が来た」と言われました。だから事務所では一生懸命、どうにか毎日こなすことしか考えられず、そうするうちに仕事以外の人とのコミュニケーションが下手になってしまったんです。たまに友達と会っても頭のなかには建築と仕事のことしかなく、日常会話で何を話してよいかわからなくなっていました。

独立して一二年

そんな状態が四年間続いた後、二〇〇二年に独立すると、今度は自分を表現するためにも、再び外部の人と触れ合うようになると、大学時代のように積極的に外へ出ていきました。

独立して一〇年以上が過ぎましたが、以前は来る仕事を一〇〇%、とにかく淡々とこなしている状況だったのが、仕事に少し余裕ができ、何か自分からアクションを起こしてみたいと思うようになりました。普段でも「仕事を始める時点でもっとこういう風に頼んでくれれば、良い答えが出せるのに」と思うことがあったので。建築の始まり方と、それから建った後にそこから何が始まるのか、その前後に興味を持つようになってきました。

そこで昨年（二〇一三年）は自分で企画から始めて、提案型の仕事に挑戦しています。「AT ART UWAJIMA2013」というアートイベントで、実験的に宇和島で自分がリノベーションを手がけた木屋旅館や、街の中心にあるアーケード街をどのように使うと面白いかを考えました。自分からアクションを起こし、企画を進めた初めての仕事です。

こうやって振り返ると、今でもまだアートや舞台に関わっているなんて面白いなと思います。一緒にお仕事をしたことのあるアーティストの名和晃平さんも、実は私が三年生の時に参加した白州アートキャンプに参加されていたんですよ。

アートの自由な表現に憧れもありますが、大学のときに気づいたように建築とアートは違います。違うからこそ面白いコラボレーションが生まれると思っています。

新しい日常

最近大きく変わったことは子どもができて生活がものすごく変わったことです。以前は夜一時くらいまで仕事をしていたのですが、子どもが生まれてからは保育園へ迎えにいかなければいけないので、仕事のやり方を変えて、一九時半には終わるようにしました。帰宅して以降は子どもといるようにしています。そうやって私の働き方が変わると、事務所もそういうリズムに変わってきていますね。もうすぐ、二人目の子が生まれます。大変ですが、子育ては精神的には良いバランスをつくってくれている気がしています。

（二〇一三年一一月二六日、永山祐子建築設計。インタビュー：北川啓介）

徹夜の輝き

徹夜明けの朝日は美しい。充実した徹夜を過ごすとそう感じられて、清々しい達成感と共に朝を迎える。頭に浮かんだばかりのアイデアを、熱が冷めないうちにかたちにして、夜中とにかく模型をつくる。ひんやりした空気のなか、手すりを越え、屋上に出て、できたばかりの模型に朝日を当てる。建築が生まれた瞬間のようで気分が高揚する。思い返すと、記憶に残る作品は必ずこの一夜を通過している。

そう書いたものの、徹夜はそんなに美しい想い出ばかりではない。友人とコンペ等で連日徹夜をしていると肉体の限界が訪れ、悲惨な光景を目の当たりにする。同士たちは、時が止まったかのようにマウスを持ったまま口を開けて眠り、カッターを握ったまま苦悶の表情を浮かべて机に突っ伏すようになる。笑っていると自分も似たようなことをしていて油断できない。ある一線を越えるとチームでランナーズ・ハイならぬ徹夜ハイになり、案を褒め合い、提出すると意外と興奮で眠れない。九州大学には、早朝から好きなおかずを選べる定食があったので、各々個人作業で徹夜していても共に朝食を食べることを楽しみに頑張ることも多かった。食欲は大きなモチベーションになる。

徹夜をするには冬でも汗拭きシートが欠かせない。我々は“未来のお風呂”と呼び、そのリフレッシュ効果は絶大、かつ必要最低限のエチケットも保てるため大抵の友人が常備していた。

徹夜を多くこなすと、専門的なスキルや知識が身につくことはもちろん、椅子を並べて寝る技術や、少しの休憩で驚くほど体力を回復させる術も身につくが、一番大切なのは、共に限界を超えるがゆえに人間性がよくわかり、友人との付き合いが濃くなることかもしれない。

平山善雄（ひらやま よしお） 1983年広島県生まれ。建築家修行中。九州大学工学部建築学科卒業、同大学院修了。清正崇建築設計スタジオを経て、有限会社永田建築事務所勤務。得意科目／建築計画。苦手科目／朝一の授業。バイト経験／冷凍食品の仕分け、家庭教師の営業、設計事務所での模型製作。

4

CHAPTER

建築体験

建築をめぐるあれこれを、体験することの意義は何だろうか。実はそれは、「体験」というものが絶対ではない、ということを知るためにこそある。なぜなら、建築を創造することは、いまだ体験していない未来の空間を、ありありと想い描くことにあるのだから。そのことを確かめるために、まずはいろいろと、やみくもに、手当り次第に、建築にまつわることを体験してみればいい。（南泰裕）

身近にある街建築を「読む」

街なかのビルの側面に、取り壊された隣の建物の家形のシルエットが残っているのを見たことはないだろうか。シルエット部分の外壁は塗装もなく、コンクリートブロックやレンガ積み。なぜこうなったのか？——そのビルは壊された家よりも後から建てられたのだが、敷地一杯、一センチでも大きく建てようとしたら建物のスキマがなくなってしまい、その部分の外壁の仕上げができなかったのである。ブロック積みなのは、それなら外側に足場がなくても建物内部から工事できるから。——ではこれから家が壊された敷地に建てられるビルには、逆に残ったビルのシルエットが刻まれることになるのかもしれない。こんなふうにちょっとした観察と想像を働かせてみるだけで、街は無数の物語を語り始める。さらにいくつかのプロローグを挙げてみよう。

・マンションの建物は、なぜ遠目に見てもマンションとわかるのだろうか？——外壁の全面にバルコニーがあるからかも。——ではなぜマンションには判で押したように必ずバルコニー

があるのだろう？　逆に、なぜ他のビルは概してツルッとしているのか？
・ニューヨークと新宿では、超高層ビルの建ち方が明らかに違っている。ＮＹのビルは整然と密集、新宿のビルは結構離れてバラバラに建っている。何か思想や事情が違うのか？
・東京タワーはなぜエッフェル塔のように渋い色ではなく、赤白色なのか？　日本カラーか？――高層ビルの上に立っているアンテナも赤白だから、日本には高い塔を赤白に塗らないといけないルールがあるのかも。――ではなぜ、東京スカイツリーは赤白ではないのか？

当然それぞれにそれなりの正答もあるのだが、一つの答えを物語の終着点と考えてはならない。そこでは建物ごとに歴史、経済、法律、技術、そして建築家の意図といったエピソードが複雑に絡み合っていて、とても全ては叙述しきれないものなのだから。そんな壮大な叙事詩を平然と内包して建物は建っている。それがわかると、ごく普通の街や建物が愛しく見えてくる。

　建築とは、建物をメディアとしたコミュニケーションである。設計・施工技術や歴史といった知識は学校で学べても、最終的な建築表現、すなわちそのコミュニケーションを生み出す機微を理解する術は、実際の建築体験をおいて他にない。しからば街や建物を積極的に「読む」という習慣は、建築を見る人から、作る人へとクラスチェンジするための第一歩となりうるだろう。そして眼の前につぎつぎと立ち現れる物語に身を浸す快感は、多少なりとも建築の知識を身につけた者の特権でもある。答えをネット検索する前に、まずは思索を楽しまないともったいない。

山本想太郎（やまもと そうたろう）　1966年東京生まれ。建築家。早稲田大学大学院卒業後、1991～2003年坂倉建築研究所勤務。現在、山本想太郎設計アトリエ代表、東洋大学非常勤講師、明治大学兼任講師、工学院大学非常勤講師、日本建築家協会デザイン部会長。得意科目／建築史。苦手科目／構造系科目。バイト経験／ほとんど設計事務所ばかり数十社。バブルだったのでかなり高収入。

写真を撮ると、建築がよく見える

建築を学ぶと雑誌やウェブで写真に触れる機会が多い。自分は学生の頃に旅行で建築を訪ね写真を撮っていたことから、撮影の仕事にたどり着いた。また、課題等のプレゼンでは参考写真や模型写真が必要不可欠。写真を撮ることは、建築学の基礎的な素養の一つと言ってよいだろう。

カメラ選びや撮影テクニックはすでに多くの本が出ているので、それらを参考にしてほしい。ただし、建築や模型を多く撮る建築学科の学生としては、最低限「一眼レフ」のカメラは持っておきたい。レンズはカメラを買い換えてもずっと使えるので、最初はエントリーモデルでも中古でもかまわない。また、いわゆる「建築写真」と呼ばれる写真は、スマホで撮るスナップ写真とは性格が異なる。ここでは建築写真の作法について、器材やテクニックを含めて特徴を挙げてみよう。

・**水平・垂直を合わせる**：画面(方形)で水平・垂直の基準を定めると構成面の関係が把握できる

・**三脚を使用する**：手ぶれを防ぎ水平・垂直をとれる。明るさを得る長時間露光も可能となる

・**シフト・ライズ等の「あおり」を使う**：トリミングやPhotoshop等のツールでの補正も可能
・**超広角レンズで撮影する**：室内空間の全景を撮るには一四～二四ミリ相当のレンズが必要。空間構成を撮るには二八～五〇ミリ、ディテールを撮影するには七〇～二〇〇ミリがよい。撮りたいものに合わせてレンズを替える
・**焦点を選ぶ**：二焦点か一焦点（正対）を選び、面数や線数（重なり）を整理する
・**立ち位置を詰める**：空間や外観の軸線を読み、線の重なりに注意し、見えがかりを意識する
・**パンフォーカスで撮影する**：絞りを絞り、ピントを手前から奥までしっかり合わせる
・**立ち位置を変える**：ローアングル、ハイアングル、俯瞰、遠景等、目線と離れることも想像する
・**明るさ、色温度を合わせる**：ホワイトバランスや露出で素材や光源の色、そして印象も変わる

もちろん、これらの作法が全てだとは言わないし、これらにのっとっていなくても素晴らしい建築写真は数多くある。ただ、これらをふまえて撮影することで建築写真についてわかってくることは多く、建築に対する理解はさらに深まる。よく見て、よく歩き、粘り、たくさん撮ろう。

最後に、写真はあくまでも後で思い返し、考える手段である。撮っておしまいではない。訪れた先では多くの建物を見たくもなるが、気に入った建築では長く滞在したい。早朝等の人気のない時間、日射しのタイミングがベストな時間帯、日中とは異なる表情を見せる夕景・夜景、晴天・曇天・雨等、時間や天候、人々の営みをよく見て体感することが大切だ。

（執筆協力：加藤純）

鳥村鋼一（とりむらこういち） 1976年生まれ。フォトグラファー。1999年明治大学理工学部卒業。2001年よりナカサ・アンド・パートナーズ勤務を経て、2007年よりフリーランス。得意科目／特になし。苦手科目／ほぼ全て。バイト経験／飲食店、青果市場、ビル清掃等。

オープンハウスに行こう

建築は、写真で見て理解したつもりでも、実物を見るとより「感動」を覚えることがある。対照的に、予想に反して周辺環境に馴染んでいなかったり、ディテールを間近にしてがっかりする建物もある。建築はまさに「百聞は一見にしかず」で、実体験することが望ましい。

さて、建築業界では、普段は入ることができない建築を公開するオープンハウス（ＯＨ）という慣習がある。より多くのＯＨに参加し、体験を積めば、建築への読解力が向上することは間違いないので、積極的に参加してみよう。

ＯＨには、二つのタイプがある。一つは、英国の「オープンハウス・ロンドン」のように、街なかの名建築を一定期間公開する場合（国内でもOpen! Architectureという活動がある）。もう一つは、設計者の主催で、建物の竣工時に公開する場合である。日本では概ね後者で、設計者同士が互いの作品を批評する場にもなっている。招待者限定の場合も多いが、事務所のＨＰ等にＯＨ

情報が掲載されている場合もあるので、気になる事務所のサイトを常にチェックしておくとよい。

では、実際に建築を見学する時、何をどのような視点で見るとよいのだろうか。筆者の場合、①敷地周辺の環境（法律や場の歴史、地形等）、②プランニング上の提案（平面・断面の計画）、③構造・設備（新技術のユニーク度と効果）、④素材・ディテール、⑤設計者のこれまでの作品との比較、である。これは、建物を紹介するメディア的なきわめて客観的な見方である。しかし、学生諸氏であれば、上記に加えて、自分自身なら同じ建物をどのように設計するかという主観的な視点を持って見るとよいだろう。また、機会があれば設計者本人に勇気をもって質問をしてみよう。自分がどのような建築がよいと思うか、アイデンティティの形成につながっていくに違いない。

ここで、OHの三種の神器を紹介しよう。まずはカメラ。単なる記録ではなく、その建物を写真で表現するならどのようなアングルがよいかを考えながら撮るのがお勧めだ。そのシーンを探すことで、建築の見方も変わるからである。次にメジャー。許される範囲内で、建物の随所を計測してみよう。いかなる寸法が快適な空間につながるかの実地調査である。そして、必ず忘れてはならないのが、手袋とスリッパ（靴下）だ。せっかく公開してくださるクライアントに敬意を表して、建物を決して汚さないための心遣いである。

最後に、OHで得た建物住所や写真・図面等は許可なく決して公開してはならないことだけは肝に銘じてほしい。マナーを守って、豊かな建築空間体験を積んでいこう。

有岡三恵（ありおか みえ） 1967年香川県生まれ。1990年東京理科大学理工学部建築学科卒業後、『A+U』『新建築』『新建築住宅特集』『JA』編集部を経て、Studio SETO設立。2013年より『建築ノート』クリエイティブ・ディレクター。得意科目／なし。苦手科目／建築史。バイト経験／アトリエ事務所、ゼネコン設計部、山小屋。

住宅展示場のススメ

住宅展示場を訪れるお客さんにとって、マイ・ホームは一生に一度の大きな買い物である。それだけに、モデルハウスを観察する目は真剣そのものだ。

東日本大震災以降、アテンダントの私に向かって彼らがまず口にする言葉、それは、「遠からず首都圏にも大地震がくるそうですが、この建物は大丈夫でしょうか?」というもの。

もちろん、今日ではいずれの建物も耐震構造になっている。たとえばA社は建物自体が震動を吸収する制震構造だが、B社は地震の力を基礎で遮断し、それを建物に伝達させない免震構造である。一方、C社では地震の震動を熱エネルギーに変換して吸収するという独自の制震システムを採用している。

地震に次いで彼らの関心が高いのは省エネである。この場合も、各社様々に工夫を凝らしている。たとえばA社では高気密で断熱効果の高い壁材を使用し、太陽熱や家電・照明器具からの発

熱を利用することよって冷暖房にかかるランニングコストを抑えている。他方、B社では外断熱と全館空調システムを取り入れ、各部屋の温度差を小さくすることによって、過剰な設定温度にしなくとも十分快適に過ごせるよう配慮されている。

言うまでもなくモデルハウスの目的は、商品のイメージアップを図るため、自社の住宅をよりよく見せることである。展示されている住宅は延べ床面積がおおむね六〇坪以上の広い住宅ばかりで、設備や仕上げ材もグレードの高いものが使われている。敷地の広さや予算によって、建物の規模や仕様は変わってくるので、モデルハウスで見たままを全て再現できるケースは稀である。

住宅展示場のよいところは、いずれのメーカーも同じ敷地条件で建築し、自社の住宅をアピールしているので、基本的な工法の違い——たとえば木造軸組工法、枠組壁工法(ツーバイフォー)、ユニット工法、鉄骨造——等、メーカー間の相違を比較できる点にある。

さらに、そこでは住宅そのものを自由に触ることができるので、収納扉を開けてみたり、床や壁等の建材に手を触れて材質を確かめてみたりと、実際に体感することでネットや図面では知りえない情報を得ることができる。

このように、外観や間取りを眺めるだけでなく、構造や断熱等の目に見えない部分について知ることのできる住宅展示場は、購入者のみならず、建築を学ぶ学生にとっても情報の宝庫だと言ってよいだろう。

片岡茜(かたおか あかね) 1988年生まれ。住宅展示場アテンダント勤務。共立女子大学家政学部生活美術学科卒業。得意科目/構造力学。苦手科目/建築施工。バイト経験/インテリアショップで販売業務、設計事務所での模型作成。

団地の楽しみ方

どんな建築にも建てられる目的がある。どんな建築にも設計者がいて、その目的を達成するために設計を行っている。これは団地も同じこと。団地って同じ形の四角い建物をずらっと並べただけでしょと思われるかもしれないが、意味があって四角くなっているし、四角くない団地もあるし、並べ方にしてもキチンとした考えがある。そして、それを読み解き眺めることが団地観賞の楽しみである。

たとえば〝スターハウス〟というタイプの団地がある。階段を中心に三軒の住居をYの字型に並べた（その形を星になぞらえてスターハウスと呼ぶ）この団地には、一石三鳥とでも言うべきアイデアが込められている。普通の団地だと窓が二方向にしかとれないところを、Yの字にすることで三方向とれる。細長い普通の団地に比べてコンパクトに建てられる。形がユニークなので風景のアクセントになる。星の形にするワンアクションでこの三つの目的を果たすとはすごい団

地を考えついたものだ。

また、団地設計者たちは建物を敷地のなかにどう置くか、建物の周りをどうつくるかにもエネルギーを注いできた。風や光が十分入るように建物間は二五メートル以上離し、その間には住まいに潤いをもたらす木や花を植える。子供が遊んでいる姿を家から見守ることができる位置に公園をつくるとともに、車道と歩道をはっきり離す等、子供が安全に公園まで行けるようにも考えられている。そして、毎日の通勤やお散歩のひと時を楽しく過ごせるよう道端と公園にユニークな彫刻や遊具を並べる演出も心憎いところだ。

限られた敷地にたくさんの住宅をつくりつつ、快適で楽しい住環境もつくる…団地にはこの二つの使命に応えようとした団地設計者たちの知恵と汗が染み込んでいる。そして、その思いを透視する魔法を教えてくれるのが建築学科だ。学んだ魔法の力試しにまずは団地に行ってみよう。見たことがあるはずなのに見えていなかった風景がそこには広がるだろう。

団地の公園

スターハウス

吉永健一（よしなが けんいち） 1967年生まれ。建築家。東京工業大学坂本一成研究室、長谷川逸子・建築計画工房等を経て、1998年吉永建築デザインスタジオ設立。得意科目／設計演習。苦手科目／建築法規。バイト経験／設計事務所で図面、模型作成。

日常生活に「ドボク」の楽しみを

日々の暮らしが変わり映えのしない、退屈なものに思えてきたら。まずは身近な土木構造物を見にいくことをお勧めする。ダム、工場、ジャンクション、高架、橋梁、港湾、鉄塔、ガスタンク、給水塔、水門…なんでもいい。混み入った都市部には敷地の制約を軽やかに切り抜けるジャンクションや高架があり、郊外にはガスタンクや給水塔が、山間部には巨大なダムや橋梁が、海辺には港湾施設やテトラポッドがある。これらの巨大な土木構造物はしばしば学術的な分類をはみ出し、純粋な愛好の対象として「ドボク」と称される。「建築と土木は違う」なんて堅いことは言わずに、観賞の対象としてじっくりと眺めてみよう。

途方もないスケールを楽しむ――ドボク構造物が持つ一番の特徴は、日常生活や建築が扱うものとは桁違いのスケールだ。どれをとっても見るものを圧倒し、途方に暮れさせるような大きさを持っている。特に建設中のものはスケールの大きさを実感しやすいので、近くにあれば足繁く

通うことをお勧めしたい。

飾り気のない姿を楽しむ——ドボク構造物は、与えられた役割を果たすための技術的要件が何よりも重視される。強大なインフラを支える構造物としての使命に忠実で、洒落っ気を出す余裕さえなく存在している。ドボク構造物は全てが一点もので、その場所から動かすことができない固有の存在である。武骨な外観に秘められた機能性と、心意気溢れる実直な姿に見とれたい。

「その先」を想像して楽しむ——ドボク構造物を見続けていくと、自然とその背後にあるシステムについて考えが及ぶ。ダムを満たす水の行き先、送電線の源にある発電所、ジャンクションで交差した道路がたどり着く街や、走り抜けるトラックの積荷について……目の前にあるシステムの一端から、それらが構成するシステム全体に思いを馳せることができるようになれば、見慣れた風景を異なる視点から再発見することも容易になることだろう。

街なかでふと目を留めた橋脚ひとつから、それが支えるシステムに思いを馳せていると、残念ながらもう退屈している暇がない。まずは、日々の生活のなかに「ドボク構造物」の存在を意識するところから。ぜひ一度お試しを。

トンネルと高架橋が繰り返される新東名高速道路のスケール感は一度目にしてほしい

吉永恵里（よしなが えり） 1980年生まれ。慶應義塾大学環境情報学部卒業。私立中高一貫校の情報科教諭を経て、2013年よりstudio-Lに合流。地域コミュニティ形成業務に関わる。得意科目／情報デザイン。苦手科目／プログラミング。バイト経験／ウェブデザイン、演劇制作、ライヴハウス。

建築のエネルギーを見てみよう

エネルギーの流れは目に見えない。空間の快適さも目には見えない。だからと言って、格好いいだけの建築をつくり、夏は暑くて冬は寒く、エアコンの電気代がかかって仕方ないということでは、建築のプロとして失格だ。「省エネで快適」は、今後ますます必須の要素となるであろう。

学生時代は、数多くの建築やまちを見て回るまたとないチャンスである。そして、デザイン面だけでなく、目に見えない建築のエネルギーにも目を向けてほしい。つまり、エネルギーを「見てみよう」とは、「想像してみよう」であり、「感じてみよう」とも言える。

まずはクイズ。図は、日本の住宅の世帯当たりの用途別エネルギー消費を表したものである。①から⑤に当てはまる用途は、冷房、暖房、照明・家電、給湯、厨房のいずれかわかるだろうか？　答えはプロフィールの下に記載した。全問正解した人は、ぜひとも環境系のエンジニアか環境技術のわかる建築家を目指してほしい。

最も意外に感じたのは冷房のエネルギー消費の少なさであろう。省エネと言うと夏を意識しがちだが、実は暖房の方がかなり多くのエネルギーを使っている。住宅では、暖房の方が使用する期間も一日の使用時間も長く、室内外の温度差も冬の方が断然大きいためである。建築のプロは、このようなエネルギー消費実態も適切に理解しておく必要がある。

建築のエネルギー消費を減らす方法として設計者ができる一番のことは、「その場所の自然の力を上手にコントロールする」ことである。技術の発達とともに、設備の力に頼ってしまう建築が多くなり、これがエネルギー消費増大の一因にもなっている。

そこでぜひ、街を歩きながら、自然の力を上手にコントロールしている建築を探してほしい。軒の深い日本家屋、光の差し込むトップライト、心地よく風の抜ける空間、陽が当たってぽかぽかと暖かい床。エネルギーの流れは目に見えなくても、太陽や風の力を上手にコントロールしている様子が見えてこないだろうか。いや、そういう目で建築を見ていれば、その場所の自然の力とともに必ず見えてくるはずである。そして、建築の工夫に加えて使う側の理解と工夫も不可欠であることに気づけば、建築のプロへの道に一歩近づいたと言えるかもしれない。

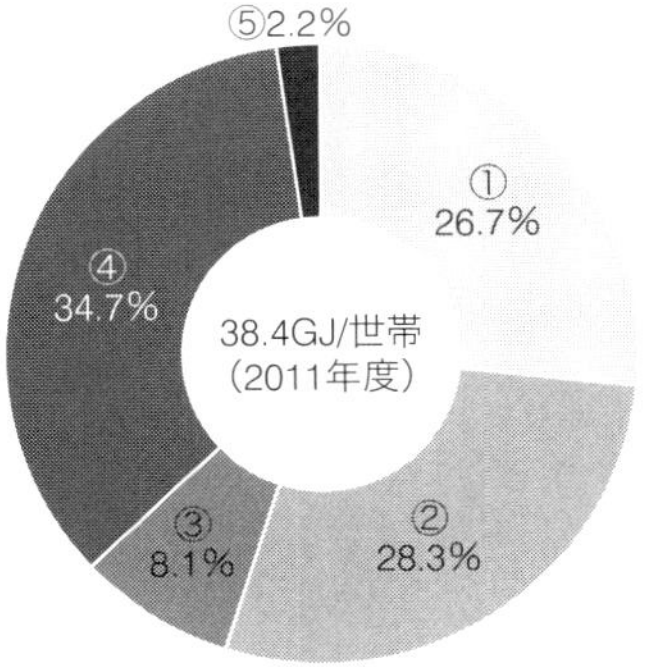

世帯当たりの用途別エネルギー消費（2011 年度）
（出典：資源エネルギー庁「エネルギー白書 2013」）

中島裕輔（なかじま ゆうすけ） 1972 年生まれ。工学院大学建築学部まちづくり学科准教授。専門は建築・都市環境工学。早稲田大学理工学部建築学科卒業。同大学大学院博士課程、理工学総合研究センター講師を経て、現職。得意科目／創作系演習科目。苦手科目／構造力学。バイト経験／設計事務所、家庭教師、コンビニ夜勤、ピザの宅配、コンサートスタッフ等多数。

［クイズの答え］①暖房　②給湯　③厨房　④照明・家電　⑤冷房

建築をインテリアから楽しもう

建築の勉強と言うと、とかく設計製図や座学での講義を想像してしまう。しかし、建築を学ぶ方法は何もそれだけではない。授業の合間を縫って街に出かけてみよう！　街には楽しみながら建築に触れられる場所で溢れている。実際の建築空間を体験し、五感を駆使して空間を味わうことは、自分の建築的感覚を高める最良の近道なのだから。

美術館でアートな空間を楽しもう——アートと建築との関係は切っても切れないもの。いろいろな美術館を訪れ、展示物と空間、両者の化学反応を楽しもう。様々な美術館の見学を通じて、シークエンスの変化（経路により体験できる空間変化の流れ）をしっかりと感じ取ろう。また、古い歴史的建物を改修したギャラリーを巡る、アートにより再生した建築の姿を見るのもお勧めだ。

コンサートホールや劇場に出かけよう——ホールや劇場には歴史的背景から様々な様式がある。

実際の演奏を聴いて生の臨場感を味わいながら、ホールについて、あるいは客席と舞台の関係について思いを巡らせてみよう。壮麗なインテリアのなかには照明や音響のための工夫が凝縮されている。ホールに向かうまでのエントランスやホワイエの空間も十分に堪能しよう。館内案内図でトイレやバックヤードのプランを確認することも勉強の一つ。日本の伝統的な文化の一つである歌舞伎や能等もぜひ体験したい。

ホテルのロビーやバーで過ごしてみよう――たまには少しフォーマルな気持ちで、有名ホテルやインテリアデザイナーの手掛けたレストランへ出かけてみよう。ホテルはバーやラウンジ等宿泊せずとも利用できる場所がいろいろとある。普段目にすることのない素材・仕上げや手の込んだ家具や設え、あるいは演出的な照明の使われ方にも目を向けてみよう。一流ホテルであれば一流のサービスとともに、豊かな少し大人な時間の流れを感じられることだろう。

教会建築や神社仏閣を見学してみよう――歴史的な宗教建築には魅力的で独特な内部空間を持つものも多い。教会等は内部に関しても広く一般に公開されているため、礼拝やコンサート等のイベントに参加してみよう。人々の集う様子を光や音とともに、生きた空間のなかで感じることができる。あるいは、静謐な時間に包まれ、じっくりと自分自身に向き合う時間をつくることも建築との向き合い方の一つだ。先人の残した空間から無限の宇宙を感じることができるだろうか。

高橋元氣（たかはしげんき） 1974年生まれ。建築家。元氣つばさ設計事務所主宰。東京大学工学部建築学科卒業。同大学院工学系研究科修士課程修了。鵜飼哲矢事務所を経て、2007年より独立。得意科目／設計演習。苦手科目／情報処理演習。バイト経験／設計事務所での模型制作・コンペ担当、家庭教師等。

夏休みは建築巡礼旅行

建築を学ぶ大学生の周りには無限に広がる建築の世界が待っている。これに気づけば建築学の勉強への楽しみが倍増することは間違いないだろう。さらにステップアップして、その特典を活用する手段が夏休み期間の建築行巡礼脚旅行だ。

さて、ここでは海外建築巡礼旅行の初歩編をご紹介しよう。お勧めの目的地はフランス、ドイツ、ギリシャだ。ヨーロッパ各地は建築の世界をキャリアとするものにとって、何度も足を運ぶべき地だと思っている。ヨーロッパでは、まずは、近代建築の四巨匠の一人、スイス人建築家ル・コルビュジエの二つの作品を巡礼する旅から始めたい。パリから高速鉄道で四時間、フランス・アルザス地方の静かな町ロンシャンの丘に近代的な趣の教会が存在する。自由曲線で綴られたこの建築の輪郭は、教会の建つ環境に溶け込み、内部空間は膨《ふく》やかな曲面で象《かたど》られ、神の優しさと神秘性が訪れた人々を魅了する。この地を訪れる巡礼者の多くは世界各地の建築学生であり、

君たちが彼らに遭遇する可能性は高い。ひょっとすると、建築をとおしたグローバルな交流が生まれるかもしれない。ロンシャンで神と巨匠に遭遇したら、もう一つのル・コルビュジエ作品で、宿泊も可能なラ・トゥーレット修道院に足を運ぼう。この施設は、ル・コルビュジエが独自に開発した比例システム「モデュロール」を用いて設計された。宿泊できる部屋は、人間のスケールに合った寸法と比例を用いて設計されているので、これをぜひ体感しよう。

次に、のどかな農村を後にフランスからドイツに向かい、デッサウ市に残るワルター・グロピウス設計の「バウハウス」を訪れよう。ここでは二〇世紀初頭のモダニズムデザイン教育を象徴するキャンパス建築が、訪れる人々に当時のクリエイティブなエネルギーを体感させてくれる。

最後に、ギリシャ各地の遺跡を訪問し、建築の歴史の重要性を確認しよう。特に、首都アテネでは、アクロポリスの丘にそびえた建つ古代建築と、スイス人建築家バーナード・チュミによって麓の遺跡の真上に設計された現代建築「アクロポリス博物館」を訪れよう。ギリシャは西洋建築文化の発祥地であるがゆえに、二千年の時の流れのなか、ウィトルウィウスを始め、ル・コルビュジエを含む各時代の建築家たちがこの地を巡礼に訪れている。これらハイライトとなる建築のほかにも、道中には話題の現代建築、二〇世紀の名建築、文化遺産が数多く散在する。建築巡礼旅行は脳裏に建築空間を焼き付け、サプリメントのように目に見えない栄養を体内に培う。毎年、夏休みには栄養補給しながら楽しい、そして充実した学生生活を送ることを勧める。

国広ジョージ（くにひろ じょーじ） 1951 年生まれ。建築家。国士舘大学教授。ハーバード大学修了。アメリカ生活 33 年。1998 年より現職。得意科目／建築設計。苦手科目／構造力学。バイト経験／アメリカ時代に建築学部で事務雑用、建築事務所で模型作成。

集落を訪ねてみよう

異文化との遭遇はいつでも新鮮なインスピレーションをもたらす。学生時代（東京大学生産技術研究所 原研究室）に調査で訪れたインドネシアの集落は、地域ごとに個性を競い合う象徴的な屋根で知られていた。しかし、その屋根の下に複雑な断面を持つ空間が内包されていることはあまり知られていなかった。建物のなかに入ってその空間の複雑さと豊かさ、そして、集落全体の合理的な配置と景観に圧倒されたことを今でも覚えている。そもそも世界で集落が注目されるようになったのは、インターナショナルスタイルが世界を席巻した二〇世紀半ばのことである。一九六四年の「建築家なしの建築」展でB・ルドフスキーは、従来の建築史では取り上げられてこなかった風土的（vernacular）、無名の（anonymous）、自然発生的（spontaneous）、土着的（indigenous）、田園的な（rural）、建築を一同に集めて展示した。それ以降、様式主義や近代合理主義のオルタナティブとして、集落は建築家や研究者の探究の的となり続けている。

それでは初学者は集落をどう訪ねたらよいだろうか。当たり前のことだが知らない集落を訪れる時にはその場所の歴史や文化、風土等を調べておく必要がある。集落には長く育まれてきた住まいの叡智が込められているが、建築的なアンテナを研ぎすませていなければそれらは見えてこない。集落は魅力的な装飾や意匠に満ちているが、それらをただ物珍しいものと見てはいけない。それらの意味や背景を慎重に理解することが重要だ。この時中途半端な先入観や思い込みはかえって目を曇らせるので注意したい。建物や通り、教会や広場等、集落を構成するものの配置にも意味がある。時にはそれが世界観を反映していることもある。多くの集落はデザイン的に統一されているように見えるが、それぞれの建築には微差がある。集落は外に対しては類似性を示し、内に対しては差異性を競い合う。こうした類似性と差異性の高度な複合が、群としての建築や集落の魅力を生み出しているのだ。

インドネシア・スンバ島の集落。高い屋根の頂部は地面から 20m ほどになることもある。

山中新太郎（やまなか しんたろう） 1968 年生まれ。建築家。日本大学理工学部建築学科准教授。日本大学理工学部建築学科卒業、東京大学大学院博士課程修了。大学院では原広司研究室に在籍し、インドネシアや中国の集落を調査。それらの空間分析を博士論文「建築空間の断面系列に関する研究」にまとめる。在学中に山中新太郎建築設計事務所を設立。北海道美瑛町に〈シリンダーハウス〉（JIA 北海道住宅新人賞受賞）を設計。得意科目／建築史、設計。苦手科目／応用力学。バイト経験／設計事務所他。

見ておきたい日本建築

薬師寺東塔にただよう旋律に鼓動が共鳴し、建築の崇高さを知った。三仏寺投入堂には人の営みの底力を感じた記憶がある。近代の大工たちがつくった京都南禅寺界隈の数寄屋建築群は私にやるべき仕事を教えてくれたような気がする。全国に残る伝統的な民家や町並みには、自然と共存するための知恵と工夫が集積しており、素朴であるがゆえの質実さにあふれている。いささか感動癖があるのかもしれない。そんな私が君たちに、これは見ておくべきだとあえて推薦するとすれば、まずは建築史の教科書に載っているような時代の規範とされ、多くの人たちから「よい」と評価されてきた建築である。長く存在しつづけ評価されてきた建築にはそれだけの理由がある。古建築とはたまたま残ってしまった建築なのだろうか。否、今まで残されてきたのには、その建築にそれなりの生命力があったから、なのである。

建築の生命力とは何なのだろうか。日本の古建築を注意深く観察すると、修理の手を加えたり、

時には増殖させたり移動させたりしながら使いつづけ、構造的・社会的寿命を確保してきた、という事実を知ることになるだろう。世界最古の木造建築と言われる現在の法隆寺西院伽藍でさえも、実は創建当初の姿ではなく材料も取り替えられている。桂離宮の建築も、あのようなかたちで後世に伝えられ賞賛されることをいったい誰が予想しただろうか。増築を重ねてきた建築がたまたま成長をストップさせているだけ、と言うべきなのかもしれない。茶室如庵は移築をくりかえしながら由緒を重ね国宝にまでなった。

移築・増築・修築をくりかえしながら存在しつづける。これが日本建築の特質であり、それを担保してきた技術にこそ日本建築の真髄がある。そこまでして存続させようとする人知が結集して初めて建築が生命力を発揮し、そこに価値が増幅されるのである。

学生時代、いちばん大切なことは、何が「よい」のかを見極めるのに必要な感性を磨くこと。そのためには先人たちが社会の要求に応えようと創造しつづけ、今まで存在してきたいろいろな時代の建築を実見し、実感するしかない。伝統に目をむけることにより、「よい」建築を創造するためのゆるぎない価値観や建築観を発見することができる。

建築を学ぶにあたって見ておきたい日本建築を挙げればきりがない。とにかく寸刻を惜しんで「よい」建築を見て歩こう。知識は本を読めば得られる。読むべき本はあるし、見ておくべき遺構は随所にある。さあ、書を持って外に出よう。

矢ヶ崎善太郎（やがさき ぜんたろう） 1958年生まれ。京都工芸繊維大学大学院准教授。日本建築史・庭園史。博士（学術）。同学大学院建築学専攻修士課程修了。好きだった科目／建築設計。苦手科目／ドイツ語。バイト経験／建築工事現場で掃除、北アルプスで登山道のゴミ拾い。

一生ものの建築体験

建築に目覚めたのはいつ頃か、定かではない。ただ、高校三年の時に初めて見た磯崎新氏による大分県立中央図書館は強烈な印象であった。物珍しさもあったのか、ほぼ毎日通い続けた。本を見るというよりは、ただそのダイナミックな空間を見るためだったと記憶している。

その後、大学に進み、約十年を経て大分にUターンし、改めて磯崎氏の建築を見ることとなった。高校時代とは全く違った印象を受けた。

その後、紆余曲折しながら建築事務所の修行もないまま事務所を立ち上げ、手探りの状態で設計を生業としながら生活をしてきた。その間、いろいろな人に出会い、いろいろと学んだ。大分以外の建築関係者が大分に来ると、必ず磯崎建築ツアーとなる。必然的に年に一度は磯崎建築を僕自身が見ることとなる。何度も見るにつれ、印象はずいぶんと変わってくることに、いつの日か気づかされた。僕自身が建築の設計を通じて知識を得ることにより、建築の読み方が変化した

のである。そして、建築を見る目は自分自身の知識の量以上のものは見抜けないのだということをやっと悟った。ずいぶんと時間はかかった。

四二歳、バブル崩壊。十数件動いていた計画が全てストップ。真っ青な日々が続く。そんな時、大分県立中央図書館の保存問題が起きた。何も考えずに即、保存運動に取り組んだ。約二年間程の活動であったが、幸いに、そして奇跡的にこの建築は保存することとなり、磯崎氏の手により新しい命を吹き込まれ、今では大分のシンボルとなっている。このことは、自分自身が進めてきた再生建築（リファイニング建築）の道しるべとなったような思いであった。時代は長寿命建築の時代へと変化を遂げつつあるが、振り返ってみれば高校時代の強烈な磯崎建築のインパクトが僕をこういう道に進ませてくれたのではないかと考えている。まだまだ知識は足りぬままであるが、建築を作る夢の途中である。

アートプラザ（旧・大分県立中央図書館）

青木茂（あおき しげる）　大分県生まれ。首都大学東京特任教授。青木茂建築工房主宰。大連理工大学客員教授。博士（工学）。著書に『公共建築の未来』『住む人のための建てもの再生』『長寿命建築へ』等。受賞に日本建築学会賞・業績賞（2001 年）、グッドデザイン賞特別賞（1999、2010 年）福岡市都市景観賞を連続受賞（2005、2006 年）等。得意科目／数学。苦手科目／英語。バイト経験／いろいろ。

施工現場を体験してみよう

バルセロナで未だに建設中のサグラダ・ファミリアのような例を除くと、見学や観光で訪れる建築は必ずと言っていいほど竣工している。竣工した建築は綺麗で美しい。しかし、その化粧の下に隠されている骨組みや、その美貌をつくりだしている技や工夫を体験しない手はない。その過程にはモノづくりの歓びが溢れているからである。

建築は小さな三〇坪程度の住宅現場でも、驚くほど多くの職種と職人たちの仕事の上に成り立っている。そして、その職種同士の境界は実に曖昧なだけに、役割分担や職種領域をよく認識しておかなければ襷《たすき》を繋げられない悲劇が待っている。悲劇を償うには人手と多額の工事費が伴ってくるためモノづくりは常に緊張感との闘いでもある。

現場監督の役割は各職種を理解した上で全体を統括し、工期を守っていくことだ。「段取り八分」という言葉を現場でよく耳にするのは、多くの職種を熟知し、次々とテンポよく職人に襷を渡

せるかに掛かっているからである。工期を守ることは施工現場では実に難しい。屋外の工事であれば、季節や天候も推測しながら工程を立てなければならない。数ヶ月から数年を要する工期は一見長期間のようにも感じるが、実際は各職種の仕事が密に連なっているので、段取りが重要になってくる。つまり施工現場はそれだけ多くの人たちが関わって一つのモノを生み出していく壮大な仕事場なのである。

そこには様々な人間ドラマがある。一癖も二癖もある職人集団や無理難題を伝えてくる建築家とせめぎ合い、悩み、共に打開策を考えるなかで創意工夫が生まれ、前に進む。一筋縄ではいかないところにモノづくりの苦しみと歓びがあり、苦しみが大きければ大きいほど、建築ができた時の歓びはひとしおだ。多くの人と築き上げてきたプロセスがさらに感動を生むのである。残念ながらこればかりは体験して最後まで諦めず走り抜いた人にしかわからない。さあ、モノづくりの愉しい現場へ飛び込もう。

建て方風景／群峰の森（2014 年竣工予定）

全国から学生を募った造園ワークショップ／後山山荘（2013 年竣工）

前田圭介（まえだ けいすけ） 1974 年広島県福山市生まれ。建築家。国士舘大学工学部建築学科卒業。工務店で現場監督を経て、設計活動を開始。2003 年 UID 設立。得意科目／設計演習。苦手科目／構造力学。バイト経験／近所のお洒落なレンタルビデオ店。バイトの合間に司馬遼太郎を読破、バイト後は1日2本の映画を鑑賞。

一歩、外へ出よう
――体験から学べること

西田司

にしだ おさむ／1976年神奈川県生まれ。建築家。1999年横浜国立大学卒業。在学中の友人とスピードスタジオ設立。2004年オンデザイン設立。設計業務の他に、首都大学東京助手、横浜国立大学（YGSA）助手、東京大学、東北大学、東京理科大学、神奈川大学で非常勤講師を兼務。2011年石巻の地元有志と復興まちづくりISHINOMAKI 2.0設立。得意科目／設計製図（好きな科目でしたが完成度にムラがありました）、苦手科目／美術（絵は下手です）、バイト経験／設計事務所で模型制作等。

とんがっていた建築学生時代

僕は能天気な大学生でしたね。設計課題以外はあまり学校に行かず、気になる講義を聴く程度で就職するための視点なんて気にしてなかったです。その代わり同級生が行かないワークショップへ一人で飛び込んだりしていました。いわゆる「建築学生」みたいなものに憧れていたんだと思います。

建築学会主催の学生イベント(ワークショップ)には、二年生の時から三年間出て、最後の二年間は幹事を務めました。そこではトークイベントを企画すると、普段は話す機会のない建築家と企画段階から打合せができたり、生々しい話を聴けたり、そういう経験は意外に大きかったと思います。

またその時に知り合った他大学の学生が、今、同世代で活躍している建築家で、藤村龍至さんや、柄沢祐輔さん、藤原徹平さん、吉村昭範さん、高

橋元氣さんとはその時以来の繋がりです。そこで知り合った学生は建築事務所以外に、メーカー、ゼネコン、総合設計事務所や広告代理店等、いろんな道に進んでいったけれど、自分の大学だけではわからなかった選択肢の幅を知れたのもこのワークショップに出たおかげでした。

他にも写真のワークショップに参加しカメラを持って建築を見にいって、写真をバシバシ撮って写真表現を学んだり、あるいは街歩きのフィールドワークに参加して都市に関心のある学生たちに出会って刺激や知識を得ていました。そういう建築学生らしいことに積極的でした。

インプットによってアウトプットの質が上がる

でも実際に、そういう学外の場所に集まる学生は、学ぶ意識をしっかり持っているんです。彼らが、どんな本からどんな知識を得ているのか会話から察したり、自分でどんどん問いを立てて考えを深めていく姿勢に影響を受けたりしました。

建築はインプットによってアウトプットのクオリティが上がると思うのですが、異なる環境に身を置き刺激を受けるインプットは考えの枠を拡げると同時に、その人に客観性をもたらすのだと思います。たとえば、日本のことしか知らずに日本の都市はこうだ、建築はこうだと語っていることが、外国の都市や建築を知り比較できると、とたんに文化的背景や歴史的背景の違いをふまえて語ることができるようになったりします。

建築を実現する時には、自分だけの世界から一歩外に出て、社会的な立ち位置を持つことが必要です。公共施設を作ろうとして、「自分はこういう空間が好きです」と話すだけではなかなか受け入れられず、「人が集まる環境に対しこのポイントが大切だ」と言えなくてはいけない。そのコメントの公共性は、客観視しているからこそ出てくるんです。

卒業と同時に独立

そうやって、大学の外でばかり活動してきて卒業を迎えるのですが、就職をせずに「スピードスタジオ」という設計事務所を同級生の保坂猛さんと立ち上げました。特に大きな志で始めたわけではなく、やってみたらどうかな、くらいの感覚で。実際、僕の実家が家を建て替えると言っていたので、せっかくだから設計の機会をもらえたらラッキー（笑）という気持ちでいたら、運よく理解を示してくれ始まりました。そこで製図室で隣の席で一緒に卒業設計をやっていた保坂さんにその住宅の設計の話を持ちかけた。一人でやるのに若干不安があったのは、事実ですね。全部自分で考えられるのか、まとめられるのか、法規なんて学生時代には見えていないだけでハードルがたくさんあるんじゃないか、等々。それでパートナーシップというか、二人で始めることにしました。

それにしてもお互いわかることの範囲が狭くて、半人前以下なんですけどね。でも一人でやるよりは抜け道を見つけられるんじゃないかと思ったんです。事実その通りで、僕が役所に行って何か指摘される。そうすると「もうだめだ」と、思考が止まってしまいトボトボと帰ってくるわけです。ドーンと落ち込んだ気分で、この世の終わりだよ、スタートに戻っちゃうんだくらいの気持ちでね。戻ってくると、事務所にいる保坂さんが僕に「そんなことないよ、絶対できる方法があるから。別のやりかたを考えてもう一回行ってみようよ」と言ってくれる。逆に、保坂さんがメーカーに電話して特注のサッシを作りたいと伝える、でも今はどこのメーカーも莫大なお金がかかるから簡単には作れないよと言われて、また壁に当たる。それを聞いて今度は僕の方で「とりあえずもう一社くらい当たってみる？」と声をかける具合です。一人の心が折れても片方がカバーし、片方が折れてももう片方がカバーする、二人でいることによって乗り越えられることがすごく大きかったですね。

初めての現場体験

そうやっていろんな出来事やアクシデントにいちいちぶつかっては超えていきました。そもそもまず図面が描けない。天井や床や配管がどうなっているかが全くわからない。見よう見まねで建築雑誌を持ってきて描くけれど、やっぱりわからない。とにかくわからないから現場に行くってことを繰り返していました。

さらに確認申請がわからないから、役所にシングルラインで描いたような単純な図面を持っていったら「君何しに来たの？」みたいな顔をされてね（笑）。その後、確認申請にはフォーマットがあることを知り、役所の窓口に三〇回近く通ってやっと通りました。一番ひどかったのは、骨組みがようやくできて、現場が形になり始めたかなと思った矢先に、分離発注していた木製の巨大サッシの図面承認をしておらず、そこから制作時間がかかることを知り、その後二ヶ月現場が止まりました。今思えばよく建ったよなって思います（笑）。

それでも建物は少しずつ出来てきて、現場には毎日通い、大工さんの作業を見て、初めて図面で描いているものと現場で動いているものの対称性を理解しました。

それまで、きれいに描かれた平面図しか求められていなかった世界から、とたんに物が作られ、ただ出来上がるだけではなく経年変化のなかで動くとか、印象が変わるとか、いろいろ含めて、設計というのは時間軸を扱うことでもあるんだなと、感動するわけです。深いなあって（笑）。

一人前になってパートナーを解散

そうやってパートナーを組んでやってきた僕たちでしたが、解散した時の理由も、「お互い一人でできるようになったから」という、単純なものでした。ちょうど、四年目の終わりあたりで、ある程度、保坂さんのやっている物件と僕のやっている物件できれいに担当が分かれてきたんです。ここまで一人前になったんだったら、一人でもいけるんじゃないかなということで、解散しました。

最初は半人前だったことが、スピードスタジオを作った時の一番大きなきっかけだったんだと改めて思います。しかし今思うと、知らないということが意外に強い。経験があると、メーカーや役所の対応が想定できてしまうから、先回りして無意識に自分でストッパーをかけてしまうことがあります。でも、わからない時ってストッパーがないから、実現に向けて突き進むわけです。突き進むと意外に壁にぶつかっても、壁をすり抜ける可能性がある。経験者だとあえて行かない道でも、知らないと壁にぶち当たって、何か抜け道や方法があるんじゃないかなって工夫したり、あるいは相手の方が折れて協力してくれたりする。知らない強さってありますね。二〇代の若さだからこそできることです。

教えられることよりも、体験することから学ぼう

教えられることよりも、実感をもって体験することから学べることってあるでしょう。教えられて全く頭に入らないことも、自分でやって失敗した時には必ず身につくんです。それは、学生時代に機会があればやったらいいと思います。

若い人がチャレンジすると、意外に社会には包容力があって、受けとめてくれることが結構あります。先ほどの住宅の話だと専門家は知識をくれるし、職人は教えてくれるし、そういうやりとりから実現したっていう事実以上に、自分のなかに自分を開いて社会との接点を描く力が起こるんです。どんなに知識があっても、この自分を開く経験がないと、自分の学んだ枠の外側には行けないと思います。そういう新しい世界と自分をつなぐ作法を得られるという意味で、実践は得るものが大きいと思います。

（二〇一三年一一月二四日＆二〇一四年一月二五日、オンデザイン事務所。インタビュー：津野晃宏・内山雄介）

在校生・卒業生メッセージ

私たちの施工体験

私は大学４年生の時に所属する研究室で、キャンパスのサンクンガーデンに仮設のフォリー（休憩所）を制作した。仮設とはいえ実際に建てる体験は私たちにとって貴重な経験となった。

フォリーのデザインはコンペ形式で行い、「誰でも利用でき、座れるスペースがある」「どこからでもアクセスできる」ことを重視し、9案のなかから『Trees square』という案に決定した。

施工は基礎、土台、軸組、天井・屋根、塗装の５段階。最初に資材を運び込んだ時には、木材が想像以上に重く驚いた。軸組に進む頃には役割分担も自然と生まれたが、天井・屋根の段階で台風が接近し、塗装では下塗りの途中で雨が降ったりと天候に左右された。何とか無事完成したフォリーは十分な強度があり、大人が 10 人以上屋根に乗ることもできるほどだ。

メンバーとは「学生のうちに経験できてよかった」「不安だったが、完成した時はうれしかった」と言い合った。また、学内の学生たちが使用している姿を見ると、喜びも増して、仮設でも学校に制作してよかったと思った。この施工体験により、私たちメンバーは設計課題で引く線の１本１本に今まで以上に気を配り、施工のことも考えながら進めるようになった。そしてこのプロジェクトを通して、座学ではつかみにくいことも実際に体験することで理解できることの多さを改めて実感したのであった。

Trees Square

相馬亜美（そうま　あみ）　1990 年生まれ。国士舘大学大学院工学研究科建設工学専攻修士課程１年、南研究室在籍。都市計画をテーマに修士論文・設計を準備中。得意科目／都市計画。苦手科目／構造力学。バイト経験／意匠設計事務所での模型制作。

5

CHAPTER

課外授業

授業や課題を経験したら、次は、その時々の自分の興味にあわせて、外に広がる世界への一歩を踏み出してみよう。事務所や現場、他の大学・学校の先輩や同級生から学びながら、少しずつ力試しをしてみるといい。どこかで目標となる憧れの人を見つけたら、すでに自分にチャンス到来だ。多くの先輩たちの様々な一歩から学ぶ。（北川啓介）

ネットの使い方

私は自分の考えをまとめ、組み立てる場所としてネットを使っている。建築学生には言葉に弱い人や議論が苦手な人が多いが、そんな人にお勧めなのがツイッターだ。レクチャーでメモを取り、感想や自分の考えを言葉にし、他人に伝わるようにストーリーにして反応をもらう。そうしたことがツイッターでは全部できるし、日常的に続けていると言葉を使う力が伸びてくる。リアクションをもらえるとそれ自体が楽しく、有意義なフィードバックを得られるようになる。

私がネットをそのように使い始めたのは、研究室に所属したばかりで建築の言葉になじめずにうまく発言も議論もできなかった修士一年の頃、頭のなかに溜まっていることを整理して日記サイトにまとめるようになったのがきっかけだった。やがてサイトの掲示板に反応が書き込まれるようになり、議論を通じて他の大学の人たちとも交流するようになった。

オランダへの留学中は毎週開催されるレクチャーに必ず参加し、必ず質問し、必ず日記にレビ

ユーをアップする、というルールを自分に課していた。学部四年の頃に聴いた時はちんぷんかんぷんだった建築史家のケネス・フランプトンのレクチャーが、今度はきちんと内容を理解できるようになっていた。そうした学習をオープンに行い、経験をシェアすることで、反応をもらえモチベーションが持続するのもよいと感じ、以来、自分のスタイルの一部になった。

現在はツイッターを中心に使い、レクチャーやシンポジウムで議論したり、何かを見学して情報を仕入れた後などに連続ツイートをしている。断片的な記憶でも、ツイートしているうちにストーリーとして編集され、不思議と気持ちがポジティブになる。ツイートするのは大学への移動中など空き時間に行うことが多いが、頭のなかのもやもやを整理するために一、二時間書き続けることもある。

大事なことは、「記憶の鮮度があるうちに書く」こと、ネタや雑談はスルーして「建築にこだわって書く」こと、他人の悪口やネガティブなことは書かず「ラストは必ずポジティブにまとめる」こと、などである。裏で匿名アカウントを作って悪口や愚痴を吐き出すように書く人や、ネット上では悪ぶろうとする人などもいるが、そのようにネットを人格を分節させる場として使うよりも、むしろリアルの人格もネットの人格も統合するように、社会化して使う方が自分の思考に一貫性が生まれ、自信につながるのではないかと思う。

藤村龍至（ふじむら りゅうじ） 1976年東京都生まれ。建築家。ソーシャル・アーキテクト。藤村龍至建築設計事務所主宰。東洋大学工学部建築学科専任講師。フリーペーパー『ROUNDABOUT JOURNAL』、ウェブマガジン『ART and ARCHITECTURE REVIEW』企画・制作。作品に〈BUILDING K〉〈小屋の家〉等。共編著書に『アーキテクト 2.0』『リアル・アノニマスデザイン』等。得意科目／フィールドワーク。苦手科目／統計学。バイト経験／設計事務所、ウエイター、システム管理等。

物と向き合う

グリッドという形、単純であるが、作るのが意外に難しい。正確にはグリッドは概念なので、形とは言わないが、作るとなると概念ではなく形になる。

この形、建築家はもちろんであるが、数学を習った人であれば誰でも思い浮かべることができる。でも、いざ物理的に形にしてみようとすると様々な問題が起こってくる。実際の形では厚みや面や接合部が生まれ、自重を支えるための構造や人がつくるための施工方法も必要になってくる。それらを見ないふりをしてなんとなく形をつくることはできるけれども、一つ一つ律儀に向き合っていくと素朴な発見があり、意外と面白い。部分的なモックアップを作り、実物のサイズや素材の性質を確かめながら設計を進めるが、形をコントロールしようとすればするほどそれによる反発が起こり、コントロールしきれない部分が出てくる。それを調整するように変更や工夫をまた加える。といったように、コントロールしようとした線としきれなかった線、この二つの

せめぎ合いの結果が最終的な形となって現われる。

このように苦労してできあがったグリッドの実物を目の前にすると、とても「単純な形」とは言えない様相を呈していて、どちらかというと、ものすごく情報量を抱えた複雑な物体で、それは単にグリッド数の多さによるものだけではないようであった。当たり前だが、実物は、計画時の情報量とは桁違いなのだろう。これは、どんなに単純で浅く薄っぺらなものを設計したとしても、実際の空間は、そんなことをものともせず、圧倒的な深さや多様さを持って立ち現れるということを意味しているのだと思う（残念ながらその逆もあるのだが）。ある大きなインスタレーション制作での印象深い経験である。

何が言いたいかというと、最初にどんな形にするかということも重要だけれども、それをどう実現させるのかということも重要でとてもエキサイティングな体験であるということである。たとえば、ルイス・カーンによるキンベル美術館。きわめて単純な平面をしているが、平面図からは想像がつかない魅力的な空間が実現されている。建築にはそんな学校の授業ではなかなか伝えられない、一生をかけるに値する魅力があると思う。

中村竜治（なかむらりゅうじ） 1972年生まれ。建築家。東京藝術大学大学院修士課程修了。青木淳建築計画事務所を経て、中村竜治建築設計事務所設立。得意科目／設計演習。苦手科目／語学。バイト経験／アトリエでの模型制作。

観るべき映画／読むべき漫画

建築を学んでいると、本来は娯楽であるはずの映画や漫画からも建築や都市を考えるチャンスが生まれる。「物語のなかで、どのように空間を描いているか」「どのように有名な建物が登場するか」あるいは「いかに都市が構想されているか」等、その視点は様々だ。まるごと世界観をつくらなければいけないということで、ジャンルとしては、ＳＦの分野に興味深い作品が多い。

筆者が学生の頃だった一九八〇年代後半はちょうどレンタルビデオ店が増え始めた頃で、一つ借りると一〇〇〇円もするケースがあった。当時の建築学生にとっては、汚れた未来都市のイメージを提示したリドリー・スコットの『ブレードランナー』（一九八二年）、一八世紀フランスの建築家ブレーを題材としたピーター・グリーナウェイの『建築家の腹』（一九八七年）、そして独特の映像美を持ったアンドレイ・タルコフスキーの作品あたりがマストだったと記憶している。すぐれた東京論としてのアニメは、押井守監督の『機動警察パトレイバー１・２』（一九八九／一九九三年）が挙げられるだろう。また、「新世紀エヴァンゲリオン」を建築的な視点から読み解く『エヴァンゲリオン・スタイル』（第三書館、一九九七年）もおススメしたい。

漫画であれば、団地やビル、あるいは都市破壊の緻密な描写で革命を起こした、大友克洋が衝撃的だった。また弐瓶勉の『BLAME!』等は、ハードコアな建築漫画と言えるかもしれない。海外のバンド・デシネだと、ベルギーのフランソワ・スクイテンは、アールヌーボーと未来都市が融合した、アートの領域に達する世界観で知られるが、近年邦訳も刊行されている。

この二〇年くらいで挙げるなら、映画『マトリックス』のシリーズ、クリストファー・ノーラン『インセプション』（二〇一〇年）では、建築家が重要な役割を果たしていた。また意外な穴場として、韓国の映画やドラマでは、ラブロマンスに絡めて、建築家がよく登場する。またルイス・カーン、フランク・ゲーリー、ノーマン・フォスター、ジャン・ヌーヴェル等、建築家のドキュメント映画も見逃せない。

参考文献としては、拙著『建築的映画／映画的建築』（春秋社、二〇〇九年）のほか、飯島洋一『映画のなかの現代建築』（彰国社、一九九六年）、カタログ的に使える『映画空間400選』（INAX出版、二〇一一年）、鈴木了二『建築映画　マテリアル・サスペンス』（LIXIL出版、二〇一三年）等がある。これらの本を読んで、興味を持った映画を見てみるとよい。

五十嵐太郎（いがらし たろう）　1967年生まれ。建築批評家、建築史家。東北大学大学院教授。東京大学工学部建築学科卒業、東京大学大学院修士課程修了。博士（工学）。ヴェネチアビエンナーレ国際建築展2008日本館コミッショナー。あいちトリエンナーレ2013芸術監督。著書に『現代日本建築家列伝』『被災地を歩きながら考えたこと』『映画的建築／建築的映画』等。得意科目／建築史。苦手科目／建築構造。バイト経験／家庭教師、ファストフード店、模型制作。

音楽から学べること

二〇代の半ば、まだ博士課程の大学院生だった時のこと。土木が専門のパートナーと、企画／計画コンサルタント会社を立ち上げて間もなく、最初のクライアントである小規模ゼネコンの社長に言われた。「君の二四時間はいろんなことで埋められているね。一見、各々がバラバラの活動のように見えるが、将来は全ての活動が栄養となって束ねられ、君の人生の行き先に向かって一つに集約されるものだよ」と。当時、様々なアルバイト（プロフィール参照）、バンド、DJ、サーフィン、ゴルフ、海外旅行と何でも手当たり次第に真剣に取り組んだ。建築とは、人々と社会と地球を幸せにする仕事である。クラブに踊りに行ったことがない人間が、いきなりクラブのデザイン等できるわけがない。だから、建築を目指す者にとって、建築のお勉強以外の時間は貴重なのだ。できる限りいろんな興味を持って、他人の二倍の密度で人生を送ることをお勧めする。

筆者は、Dr. MBand（ドクター・エム・バンド）という一〇人編成のバンドを率いていて、年

に二、三回ライブを行う。Dr. MBandの心得は、「楽しく音楽しなきゃ演ってる意味がなく、お客さんを幸せにできない」である。どんな職業でも同じだろうが、特に建築を業とする者には、この考えを持つことは極く自然な必要条件だ。メンバー全員でスタジオにこもり、役割分担をしながら組織でこだわりを持って音楽を創り上げていく作業は建築行為そのもの。そのプロセスは、「苦しさ九割喜び一割」という建築の宿命と同じだ。また、会場での選曲、演出、照明、衣装を考える行為は、まさにデザインである。音楽やバンドを通じて、国籍を超え、様々な国の人とつながることにより、自分の世界観の幅が広がれば、世界と日本の建築にも生かすことができる。演奏とMCで満員の観客の反応を臨機応変に受け止め、人々の心を一つにまとめていく経験があれば、建築アイデア／デザインのプレゼンテーションの場面でもビビることもない。音楽を通じて知り合った友人から仕事の依頼も来る。「遊びの」時間は、確かに建築に役立っている。

音楽を始めたのは幼稚園に入る頃。中学時代には、音楽の先生を口説いて軽音楽部をつくった。大学一年生でテニスとスキーのサークルを、大学院の頃ゴルフサークルを立ち上げた。イベントサークルも結成した。自分の活動をもとに「社会」をつくるといい。サークルではなくても友人の集まりでいい。この人脈と仲間をまとめる経験は、二〇年後の建築という仕事に活きてくる。

まずは、何でもいいから真剣に「遊んで」みよう。建築という人生は、入り混じった経験が集約されながら、社会とともに成長していく混沌とした旅なのだ。

村上心（むらかみ しん） 1960年大阪生まれ。Hyper Space Creator。写真家。Dr. MBand バンマス。博士（工学）。みんなのFashion Show代表オーガナイザ。「デザイン女子No. 1決定戦」実行委員長。1987年M & M Company設立。1992年東京大学大学院博士課程満了、椙山女学園大学講師。2007年より教授。1997年TUDelft客員研究員、2011年より遼寧工程技術大学客員教授。得意科目／卒業研究。苦手科目／座学。バイト経験／塾・家庭教師、DJ、バーテンダ、外国人モデル運転手、キャディ、御中元配達、設計事務所等。

学外の講評会に参加しよう

学生というのは意外と純粋で無知だ。一度学校という枠組みに属すと、そこが世界の全てだというように錯覚してしまう。先生の言葉が、先輩の言葉が、友達の言葉が、世界の全てに聞こえてしまう。しかし、実際の世界はとても多様で広い。学生はもっと広く多様な世界と接するべきで、そのためには学外の講評会やいろいろな建築家のレクチャーへ積極的に参加したり、さらにはオープンデスクとして建築家の事務所で体験を積むなどしてほしい。少なからず感じている現況（学校）への違和感に対する答えが、それらの経験や体験には必ず存在しているはずだから。

今から十数年前のこと。北海道で初めての合同卒業設計講評会が開催された。現在パリで事務所をやっていて当時は北海道東海大学の四年生だった田根剛くんが中心となり、ゲストクリティークとして藤本壮介さんと僕が呼ばれた。僕は建築家として駆け出しで、このようなイベントの参加も初めて。さらに学校で教えた経験も、学生の作品を見たこともなく、全てが初めての体験だった。このイベントは残念ながら一度きりで終わってしまったが、多大学の学生が一堂に集い学外からの批評を受け刺激し合う場は自由で、この記憶がずっと僕のなかに残っていた。僕が多大学からの学生団体「北海道組」を始めようと思ったのはこの時だ。

実は僕自身、北海道で設計活動を続けていくなかで、北海道の建築界や大学等に対する一種の違和感のようなものを感じるようになっていた。それはネガティブな違和感で、僕が北海道以外でのイベントや大学での経験を重ねるたびに、さらに増していった。北海道は途方もなく閉塞的で、小さな世界でしか通用しない批評軸が見えた。そんな小さな批評軸のテーブル上だけで設計をしている北海道の各大学の学生が気の毒にすら見えてきた。批評は批評者によって大きく振れるし、しかもその批評は必ずしも正しいとは限らない。学生にはもっと広い世界を知る権利があるのに、その扉が閉ざされているように感じたのだ。

だから、しがらみのない多様なキッカケの場としての「北海道組」を立ち上げることにした。そこには多様な批評軸を体験し、多様な視点に気づき、多様な価値観を感じ取り、それら全てを許容できるようになる場がある。そのような場に参加することが、よい設計へとつながる近道だと信じている。

広い世界（批評軸）へ旅に出よう。

そんな感覚である。

五十嵐淳（いがらし じゅん）　1970年北海道生まれ。建築家。1997年㈱五十嵐淳建築設計事務所設立。著書に『五十嵐淳／状態の表示』『五十嵐淳／状態の構築』。主な受賞に第19回吉岡賞、BARBARA CAPPOCHIN ビエンナーレ国際建築賞グランプリ、グッドデザイン賞、AR AWARDS 2006、JIA新人賞、JIA環境建築賞優秀賞、日本建築学会北海道建築賞等。得意科目／特になし。苦手科目／国語。バイト経験／スポーツクラブ、設計事務所。

レクチャーに行ったら懇親会にも出よう

建築家というのは、様々な人と付き合うことなしには仕事できない。まずは事務所のスタッフ、そして施主、現場監督、職人、メーカーの営業等、本当に多種多様な人々を相手にする。もしかすると、本来のデザインや図面描きよりも人付き合いに多くの時間を費やしているかもしれない。周囲の建築家と付き合っていて間違いなく言えることは、一〇〇%話し好きであるということだ。加えて、みな話が魅力的である。それぞれのスタンスでそれぞれの論点を、人を飽きさせないように話ができる。だからこそ、わがままな施主や工務店を説得して、最終的には自分が良かれと思う冒険的なアイデアを建築という実物に昇華できるのである。

しかし、これを単に「才能」と片付けてはいけない。彼らは学生の頃からそのような癖をつけてきたのである。たとえば、レクチャー。大概レクチャーの最後には質疑応答のコーナーが設けられる。そんな時、大勢の観客がいるなか個人的で稚拙かと思われるような質疑をしてよいのかと自問自答しながら、指名が来ないことを祈りつつその時間をやり過ごす人が大半ではないだろうか。おそらく建築家と呼ばれる人は、少なくともそんななか恥ずかしい気持ちをぐっと抑えて、顔を真っ赤にしながら質問した経験があるに違いない。

そして、レクチャーの後には懇親会が設けられることも少なくない。これにもかつての建築を夢見る学生は率先して出席していたことだろう。これはチャンスである、と思ってほしい。今まで演台に立っていた講師に物理的にも心理的にも近づける重要な機会だからだ。さっきの質疑タイムに言い出せなかったことを聞けるかもしれない。自分の考えていることを一方的に話すことができるかもしれない。事務所に遊びに行っていいですかというような度を超えたと思われる質問もしてしまえるかもしれない。これらに建築家はきっと気持ちよく応じてくれる。性格によっては少し厳しい顔をするかもしれない。でも最後には受け入れてくれるに違いない。なぜならば、かれらもまた学生時代に同じように結構図々しく、このようなチャンスに相手の懐に飛び込んでいたからだ。自分がしてきたことを後輩たちに与えないわけにはいかない。そうやって建築家の職能は引き継がれているとも言える。

おまけに、「建築家になるには飲み会の幹事が得意でなければいけない」。先に書いたように様々な人々と絡むには、自然と段取り上手である必要がある。それぞれの立場を理解しつつ皆にとって気持ちのよい場を提供する。これはすなわち建築家の仕事とほぼ一〇〇%一致する。

田井幹夫（たい みきお） 1968年生まれ。建築家。横浜国立大学卒業。ベルラーヘ・アムステルダム留学。内藤廣建築設計事務所勤務を経て、1999年アーキテクトカフェ建築設計事務所設立。主な作品に〈和賀材木座の家〉〈四谷の塔状住居群-keels-〉。主な著書に『ノイズを設計する』(編著)、訳書に『リートフェルト・シュレーダー邸―夫人が語るユトレヒトの小住宅』。得意科目／設計製図。苦手科目／構造。バイト経験／家庭教師、設計事務所で模型づくり。

勉強会なんかは、絶対にやらない方がいい

最初に言ってしまえば、勉強会等というものは、全くやる必要はない。本来、勉強というのは若者にとって苦行であって、学校でさんざん勉強に苦しめられてきた学生が、さらに自分を苦しめる必要等、さらさらない。「強く勉める」という字面自体が、何だかひどく義務的で押し付けがましくて、イヤになる。

むしろ有益なのは、「勉強会」というものの逆だろう。つまり、単にくつろいだり、歓談したり、役に立つ情報交換をしたりするための、方便ときっかけとしての、何らかの集まりである。

それを、「交流会」や「サークル」や「お茶会」と言い換えても構わない。ともかくも、集まって何かをしゃべって、ゆっくり無為な時間を過ごせば、それでよいのである。本来、学問というのは、そうした無為なものの蓄積なはず。なのでそれは、どんな場所でも構わない。自分の家でも、カフェでも、大学のレストランでもよい。

ただそのうちに、そうしたことにもきっと飽きが来るだろう。参加者の多くが、そのうちに、所在なげにスマートフォンをいじり始めたりするかも知れない。

そこで、こうした集まりで大事なのは何かと言うと、書物である。難しそうだけれど、みんなが密かに気になっているような、一冊の本である。

こうした集まりに、そのような本に勝る道具はない。参加者全員が、その同じ本を持っている、ということだけを唯一無二のルールとして、あとは全て、自由とするとよいのである。

大事なのは、この時に、建築の本を選ばないこと。勉強会ではないのだから、建築から、遠く離れた本を選ぶのが正しい。

それを、できるなら建築以外の人たちと一緒に読みながら、内容について語り合うのがよい。それを「読書会」と呼んでもよいが、会の名前等、実際にはどうでもいい。最終的な目的は何かと言えば、その会を通じて、自分が具体的なハッピネスの手応えを受け止めること。それしかない。

では、こうした会で取り上げるとよい本は、どういったものが挙げられるだろうか。もちろん、それは私にとっては企業秘密なので、簡単には教えられない。ただここで、一冊だけ挙げておくとすれば、ジャック・デリダが書いた『グラマトロジーについて』ということになるだろうか。

でもたぶん、このように紹介しても、この本をきちんと最後まで読む人は、ほとんどいないだろう。それがわかっているからこそ、ここでこうして紹介するのだが。

南泰裕（みなみ やすひろ） 1967 年生まれ。建築家。国士舘大学理工学部教授。1991 年京都大学工学部建築学科卒業。1997 年東京大学大学院博士課程単位取得退学。同年アトリエ・アンプレックス設立。作品に〈PARK HOUSE〉〈南洋堂ルーフラウンジ〉〈spin-off〉〈アトリエ・カンテレ〉等。著書に『住居はいかに可能か』『ブリコラージュの伝言』『トラヴァース』『建築の還元』等。得意科目／国語。苦手科目／化学。バイト経験／設計事務所等。

イベントを起こそう

建築家の講演会、建築に関する展覧会、オープンハウス、学生限定コンペ等、建築に関連したイベントは多種多様で、他の分野に比べても多い。こういったイベントに参加することはとてもいい経験となるが、その後は、ぜひともみんなでイベントを起こしてみたらどうだろうか？

いろいろとイベントに参加して刺激を受けたこと、座学や設計実習のなかで疑問に感じたことを、さらに追求するための一つの手段として、自らイベントを起こすことをおすすめする。どんなイベントも、初回を開催するためにイベントを起こそうと集まった人たちがいたはずである。

イベントを起こすといっても、最初から、仙台で開催されている全国から五〇〇を超える卒業設計の模型がずらりと並ぶ「卒業設計日本一決定戦」のような大きなイベントを目指す必要はない。地域限定の課題講評会、小さな読書会や勉強会等、規模は関係ない。大切なのは、自分たちが考えたこと、疑問に感じたこと、やってみたいと思ったことを実践するために、仲間を集め、

みんなで動き、考え、努力し、議論し、広報し、協力し合うことである。時には失敗もするかもしれない。だが、それも経験であり、実践した人たちにしか得ることのできない貴重なものである。今後、建築に関わっていく上で、イベントを起こすためにやってきたことは必ず活きる。

話題を実際に起こしたイベントの話に向けてみたい。女子大で教えているなかで、設計実習のエスキスをしていると、女子特有の視点を感じることが多く、女子特有の視点を顕著にすることで何か見えてこないだろうかと日々考えていた。そこで仲間を募り、二〇一〇年に「デザイン女子会議」という小さなイベントを企画・実践し、ここで得た経験を踏まえて、二〇一一年からは、建築・インテリア・プロダクトの卒業設計・制作を一堂に集め、ナンバーワンを競う「デザイン女子No.1決定戦」を企画・実践し、全国のデザイン女子が集う場を作ってきた。女子特有の視点を顕著にすることで見えてくることの答えは、まだ出ていないが手応えはあり、継続していくなかで必ず見えてくると信じている。

これまでに多くのイベントを起こしてきた経験から、最後に一言。同じ思いを持ちイベントを起こした人たち、そのイベントに賛同して参加してくれた人たち等、イベントを起こすことによって得られた様々な人たちとのつながりは、必ず将来につながっている。

さあ、みんなでイベントを起こそう！

橋本雅好（はしもと まさよし） 1973年生まれ。椙山女学園大学生活科学部生活環境デザイン学科／大学院生活科学研究科生活環境学専攻准教授。博士（工学）。2001年東京大学大学院工学系研究科博士後期課程修了。建築・インテリア・プロダクトの卒業設計・制作を競う「デザイン女子No. 1決定戦」の実行委員会事務局長。専門は建築計画、環境心理学、感性デザイン。得意科目／建築計画。苦手科目／積算。バイト経験／鳥料理屋で焼き担当、建築設計事務所。

同人誌をつくろう

授業で建築史を学んだり、設計課題をこなしていくと、「どんな建築が好きで、どんな建築が嫌いか」といった自分なりの「建築観」みたいなものが形成されてくる。

そういうことを同級生や先輩たちと共有し、議論しあうことで、建築に対する興味と理解はいっそう増すだろう。現在はツイッターやフェイスブックもあるから、大学内外を問わず、建築観のシンクロする仲間を探すのはさほど難しくない。そうして仲間が見つかったら、自分たちのアイデアや課題作品をまとめて同人誌を作ってみよう。

同人誌を作ること自体はいたって簡単だ。ウェブで印刷所を検索して、誌面データをPC上でやりとりするだけ。コストだって、B5判型で一〇〇頁、モノクロで五〇〇部くらい印刷するには二〇万円あれば十分。小説やサブカル評論をネタにする同人誌が集まるイベント「文学フリマ」では、そのようにして制作された同人誌をたくさん手に取ることができる。自分たちがどん

なものを作りたいのかをリサーチするために出向いてみるのもいい。

建築系同人誌のネタとしては、読書会での議論を文字に起こしてみてもいいし、直接話を聞いてみたい建築家にインタビューするのも面白い。マニフェストを作って、若い人間のアイデアを建築界に提言することだって可能だ。同人誌をきっかけにステップアップしていった建築家や建築評論家は少なくない。近年では出版社が刊行する建築雑誌が減少しているから、小規模ではあっても特徴的な制作方針を打ち出せれば、より多くの人たちが自分たちに関心を持ってくれるはずである。

同人誌とは言えども、普通に取り置いてくれる書店も増えている。ゆえに、あくまでも世間一般に「パブリッシュされる刊行物」なのだという意識を持つことは大切だ。せっかく作ったからには多くの人に読んでもらいたいわけで、どんな内容を扱えばよいのか、読みやすい文章やデザインとは何なのか…等々を考える必要がある。

自然と、仲間同士でデザイン担当、渉外担当、編集担当といったチームワークが生まれてくるだろう。こうした微妙なバランスのなかで進められる同人誌の制作プロセスは、建築メディアの編集者やライターになりたい学生にとってよいトレーニングになるのはもちろんのこと、クライアントの要求や敷地形状といった種々の条件のなかでデザインを進めなければならない建築家を目指す学生にとっても、得るところが多いはずだ。

市川紘司（いちかわ こうじ） 1985年生まれ。建築雑誌『ねもは』編集長。東北大学大学院工学研究科都市建築学専攻博士後期課程在籍。2013年から中国政府留学生（高級進修生）として清華大学に留学。専門は中国近現代建築史。得意科目／建築史。苦手科目／建築生産。バイト経験／アトリエ建築家事務所での模型製作、編集事務所での編集補助等。

オープンデスクに行こう

建築学生にとって、大学で学べないことの一つが実務。この実務を学生時代に体験できる方法はいくつかあるが、その代表としてアルバイト、インターンシップ、オープンデスクがある。

アルバイトは、現場から設計事務所まで職種や体験できる内容も多岐にわたり、対価としての報酬も出るが、その分建築学生のスキルで採用されるアルバイトは限られてくる。

インターンシップは、就業体験として大学の単位の一部になっているところが多く、近年では大学側の斡旋もあり、企業側も積極的に受け入れているところが多いが、基本的には無報酬である。ゼネコンから大手設計事務所、アトリエ事務所等いずれも学生インターンを受け入れている(ただし、大学からの派遣のしくみによっては希望の職種や企業に行けないケースもある)。限られた期間で職場体験ができ、実社会でどのようなことが行われているのかを垣間見るよい機会だ。大学院では、一級建築士の受験資格要件の実務経験として必須となっているところが多い。

オープンデスクは、卒業後、設計分野で就職したり、将来設計事務所を構えて独立したりすることを考えている建築学生は、一度は体験しておくべき機会。インターンシップと似ているが、大学の単位や資格取得とはほぼ無関係。代表的なものとして、JIA（日本建築家協会）の研修制度であるJIAオープンデスクの受け入れがある。他にも多くのアトリエ系の設計事務所で受け入れているが、受け入れ方は事務所によってかなり違いがある。基本的には無報酬だが、体験できる内容は、アルバイトのように一定の作業だけを課すところもあれば、その対価として定期的にレクチャーや見学会等を開催するところもある。募集期間も、春・夏等の長期休暇に期間限定のところもあれば、日常的なところもあり様々だ。多くの事務所で受け入れ人数を決めているので、審査を経ないと受け入れられないこともある。ほとんどの場合、模型製作や簡単なCAD操作等からスタートし、通い詰めていれば一歩進んで設計作業の一部を手伝わせてもらえることも。

オープンデスクは、自分の関心のある建築家やアトリエ事務所が、どんな環境でどのように仕事を進めているかを間近で見られる絶好の機会であり、複数の事務所を見て回って自分に合った事務所を探すこともできる機会だ。なかには、オープンデスクを就職活動の一環としている設計事務所もあり、少なくとも一度はオープンデスクに参加しないとそもそも採用されないケースもある。建築系情報サイト等でも、オープンデスクの募集が告知されているので、まずはそこから探してみるのがよいだろう。

武藤隆（むとう たかし） 1967 年生まれ。建築家。東京藝術大学美術学部建築科卒業、同大学大学院美術研究科建築専攻修了。安藤忠雄建築研究所勤務を経て、2002 年武藤隆建築研究所設立。2010 年大同大学工学部建築学科准教授、2013 年同教授。あいちトリエンナーレ 2010・2013 アーキテクト。得意科目／設計。苦手科目／構造力学。アルバイト／美術予備校での講師、設計事務所・ゼネコンでの模型製作。

海外インターンのススメ

海外、特に欧米ではインターンシップはサマージョブと呼ばれ、無給の手伝いという扱いではなく、学生が夏休みの二、三ヶ月を利用して有給で働く制度である。実務を学びながら得られた報酬を学費に充てる学生も多い。そのため人気のある事務所では希望者が多く審査も厳しくなるため、誰でも働けるというわけではない。そうした一定のハードルが課せられる代わりに職歴としても社会的に認められており、その後のキャリアを左右する重要な経歴として捉えられている。

私にとって初めてのインターンシップ体験は、トロント大学の学部一年生の夏休みにKPMBアーキテクツで働いた時のものだ。当時カナダで人気の事務所だったので、最初に連絡した際には一度断られたものの、半ば押しかけるかたちで大きな模型やドローイングを全て持ち込み自分のプロジェクトをプレゼンした結果、インターンとして雇ってもらえることになった。一年目の夏は美術館のディテールをひたすら書き、二年目の夏にも声をかけてもらいコンペを担当し、三

年目の夏にはブティックのデザインを基本設計から担当させてもらうまでになった。

　三年目の夏の後半には、とある縁でモーフォシス（当時アメリカでは最も注目されていた事務所）から「インターンとして働いてみないか」というオファーをもらっていたので、最後の一ヶ月を利用してロスに行くことにした。当時アメリカは景気が悪く給料が安かったので、事務所に寝泊まりしながら雑用から事務仕事、グラフィックの仕事まで何から何までやらせてもらった。初めは一ヶ月のつもりだったにもかかわらず、結局大学を休学して三年間そこで働くことになった。最終的にはプロジェクト・アーキテクトとして二つのプロジェクトを担当できたことはよい経験であった。その後、ボスのマイケル・ロトンディがディレクターを務めていたSCI-ARCに編入し、一年半かけてやっと大学を卒業した。卒業後すぐにケンタッキー大学に客員助教授として招かれることになったのも、インターンで築いた人間関係に拠るところが大きかったと思っている。

　こうして振り返ってみると、インターンが人生を変えたとも言えるかもしれない。海外では道を外れることがあまり気にならないので、思い切りやってみることが大切。インターンの学生は、実務に追われる所員ではなかなか発想できないようなことを考えてくれるので、事務所にとっては活力を与えてくれる重要な存在でもある。シャイにならず間違いや失敗が攻められる立場ではないことをどんどん活かすべきだ。大学での抽象的な活動とは異なり事務所は現実の建築を体験できる場所なので、アイデアが形になって生まれるプロセスを学生の間にぜひ経験してほしい。

小渕祐介（おぶち ゆうすけ）　千葉県生まれ。東京大学特任准教授。プリンストン大学客員准教授。トロント大学、設計事務所勤務を経て、SCI-ARC 卒業。プリンストン大学大学院修士課程修了。ケンタッキー州立大学建築学部助教、ニュージャージー州立工科大学建築学部客員講師、ハーバード大学客員講師、AAスクールデザインリサーチラボのディレクターを歴任。2010 年より現職。得意科目／スタジオ課題。苦手科目／構造計算。バイト経験／設計事務所。

コンペに応募しよう

設計者たちがデザインの腕を競い合い、優れたアイデアを選び出すのが建築設計競技、コンペだ。建築雑誌の募集欄やコンペ情報サイトには、国内・海外のコンペが数多く掲載されている。そのなかでもアイデア・コンペというジャンルは、一等案が実現こそしないが、全国の建築学生や建築家の卵が入賞を目指してしのぎを削る登竜門的コンペである。コンペに初挑戦するのに適した時期は人それぞれだが、学校の課題がこなせるようになり、他大学の学生の実力や、学内の先生以外の評価を聞きたい等、外の世界が気になった頃がその時だろう。長期休みには学生向けのアイデア・コンペの締切がいくつか設定されていて、まさしくコンペ・シーズンと言える。

ほとんどのコンペがグループでの参加を認めている。個人で参加するのもいいが、気のおけない友人で取り組むのもコンペの醍醐味だ。グループ参加の場合、各人が自分のアイデアを最後まで引かないことで、グループが崩壊してしまうことがある。誰がアイデアを出したかということ

より、アイデアの価値を認め合い、スタディを通して高めることの方がずっと大切だ。一人では到達できないアイデアの質とプレゼンテーションの量をグループで作りあげてはどうだろうか。そもそも名前を匿して審査されるコンペとは、無名の設計者にもチャンスが与えられる、属人を超えたアイデアの公共性に支えられたしくみである。そんなコンペだからこそ、功を競わないでアイデアをみんなで高めてもらいたい。

コンペに限ったことではないが、設計の締切は絶対である。予定通りになかなか進まない設計という厄介な活動を、場数を踏むことでルーティン化して、きっちり締切までに終えられるようにすることも、コンペから学ぶ大きな意味だ。演習課題のように先生に途中で案を変えられることはない。一度始めたらいいアイデアが出ないから途中で止めるというのは無し。データが消えた、プリントできない、そんな落とし穴をコンペのたびに一つずつ潰しながら、面倒な作業をルーティンにしてしまえば、こっちのもの。どんどんコンペに出せるようになって入賞も間近だ。

勝つためにコンペは出すものである。とはいえ、無数の案のなかから入賞を勝ち取るのは至難の業。しかし勝っても負けても、勝敗を審査員任せにしてはいけない。審査は水物。必ずしも最良の案が選ばれたとは限らない。審査員の評価が分かれて中庸の案が選ばれることもある。負けた案も堂々とポートフォリオに載せて人に説明しよう。アイデアを発展させて次のコンペに挑むのもいいだろう。結果にケリをつけて、自らのアイデアを成仏させられるのは自分だけなのだ。

松岡聡（まつおか さとし） 1973年生まれ。建築家。近畿大学准教授。京都大学卒業、東京大学大学院修了。米国留学後、設計事務所勤務を経て、2005年松岡聡田村裕希を設立。得意科目／環境工学。苦手科目／第二外国語（イタリア語）。バイト経験／デパートのおもちゃ売り場、出町柳の花屋さん、建築設計事務所。

ポートフォリオは建築家のはじまり

ポートフォリオとは私家版作品集である。サイズは受け取り手の扱いやすさを考えＡ４程度の冊子にすることが多いが、敢えてその慣行を破る猛者もいる。またコンテンツは複数の作品を時系列（やその逆順）に沿って並べるものが多いが、テーマやプログラムごとに編集し直すこともある。アトリエ設計事務所、組織事務所、ゼネコン設計部どの道に進むにしても、意匠設計を生業とするつもりならば、就職の際には必ずつくらなければならない。またプロの設計者になってからも、自分の仕事を他人に紹介するため、常にアップデートすることが求められる。建築家とは切っても切れない縁でつながれたアイテムである。

いや、ここでは表題の通りもう少し積極的に、ポートフォリオの作成は「建築家のはじまり」と定義してみたい。なぜなら、複数の作品を含むポートフォリオをつくることは、それらの作品の共通点、すなわち作家としての自分と建築の接点を探る過程でもあるからだ。市販の書籍でも切り口のない本だと多くの読者がつまらないと感じるのと同様、切り口のないポートフォリオはつまらない。自分がいったい何を考え、自分にはどんなスキルが備わっていて、自分のつくる建築にはどのような特徴があるのか、それをじっくりと見つめ、表現する。そういった編集的な視点を導入してはじめて、受け取り側の眼鏡に適う可能性が出始める。それは単なる御用聞きの設計者から自立した建築家になるための手がかりを探る、最初の一歩だと思うのである。

だからポートフォリオの形式は多様でよい。軽さや洗練を自分の真骨頂と考えるなら、敢えて薄い紙を選び極薄のポートフォリオで挑むのもあり。止められないエネルギーを表現するなら辞書のように分厚いポートフォリオもあり。実務の遂行能力をアピールしたいなら、クリアファイルにどっさり詳細図というのもありだろう。問題は、それが自分を表現できているかどうか、である。ちなみに、私が学生時代につくったポートフォリオは全編モノクロだった。レーザープリンタのモノクロ出力だけに備わったあの異様なシャープさでないと、自分の作品は響かないと思ったのである。

無論、相手の存在も忘れてはならない。ポートフォリオには受け取り手がいて、その相手が嫌悪感を抱くような「やりすぎ」には注意したい。しかしだからといって、自分を押さえ込むような表現に縮こまっては本末転倒だ。自分の表現と相容れないなら、就職しても職場では多難が待っている。まずは自分が何者かを知り、表現する。そのことを心がけたい。

吉村靖孝（よしむら やすたか）　1972年生まれ。建築家。明治大学特任教授。1995年早稲田大学理工学部建築学科卒業、2001年同大学博士後期課程満期退学。MVRDV勤務を経て、吉村靖孝建築設計事務所設立。作品に〈Nowhere but Sajima〉〈Bayside Marina Hotel〉〈中川政七商店社屋〉等。著書に『ビヘイヴィアとプロトコル』『超合法建築図鑑』等。得意科目／構造力学。苦手科目／法規。バイト経験／アトリエ事務所。

批評されることで成長する

大西麻貴

おおにしまき／1983年愛知県生まれ。京都大学工学部卒業。東京大学大学院修士課程修了。2008年より大西麻貴＋百田有希/o＋h共同主宰。趣味は料理と読書。高校時代に好きだった科目は物理と数学。得意科目／英語。苦手科目／記憶力が試されるもの。

私の卒業設計

私の卒業設計は「図書×住宅」というタイトルで、「図書館の中に住む」をテーマに設計をしました。一〇〇メートル×一〇〇メートル程の敷地で、建物の半分が図書館、半分が集合住宅になっています。図書館も住宅も細長い廊下状の空間になっていて、それらが網目状に重なりあっています。どの家にも、必ず長い図書館の廊下を通ってアクセスするので、暮らしのなかで様々な本との出会いがあります。廊下と廊下の間にはたくさんの中庭があって、本を読む広場や、ギャラリースペースや、住む人たちの共用の庭になります。見通せるようで見通せない、ゆるやかにカーブする空間のなかに、本棚に囲まれた薄暗い書斎スペースや、広場に開かれた明るい読書スペースなど、様々な明るさや暗さ、狭さや広さを持つ空間が展開して

いく建築をつくりたいと考えていました。
　卒業設計の間は、研究室の先輩や同級生とたくさん議論をしました。その時先輩が「一〇年後の自分が見たらどう思うかで判断せよ」とアドバイスを下さって、とても心に残りました。当時から私はSANAAの建築に憧れていて、初めは設計も彼らの建築を真似したようなものをつくっていたのですが、先輩のアドバイスを受けてからは「本当に自分のやりたいことは何か」「自分に嘘をついていないか」と判断が明確になったように思います。

学外で批評される機会——仙台デザインリーグ

　二〇〇六年当時は、学外の卒業設計展が徐々に全国的に増えてきた時期で、私は仙台と九州と京都と三つの卒業設計展に参加しました。それまで学内の限られた世界のなかでの批評しか受けたことがなかったので、大勢の前で自分の考えを発表し、それに対して様々な角度から厳しい批評を受けるという体験には大きなショックを受けました。建築がいかに多様な広がりを持っているかということを考えさせられて、その後の姿勢が大きく変わったと思います。

感性が大切という教え

大学四年生のとき所属していた京都大学竹山聖研究室で「ポエジーと建築」というタイトルの課題があり、この課題に取り組むことで一気に建築の楽しさが開けていった記憶があります。課題を通して竹山先生が「建築は最終的には感性でしか判断できない」とおっしゃったことが印象に残っています。建築にとって、機能的であるとか、街にとってどのような存在か等、引き受ける問題はたくさんあります。しかし、建築が培ってきた歴史というものは、そうした全ての論理を乗り越えたところで、よい建築とそうでない建築を一瞬で判断する感性を持っているのだと教えていただいたと思います。その言葉によって、建築に対する価値観と言うか、眼差しが変わりました。

実は、学生のときは、「先生から受けた指摘をそのまま受け入れるのは恥ずかしいことだ」と思っていました。アドバイスを聞かない、頑固な学生だったんです（笑）。人の提案をまずは受け取ってみて、それを発展させていくことがより創造的なんだ、と考えられるようになったのは、卒業設計展を経て、大学院へ行ってからのことですね。

東京大学大学院時代

大学院は京都から東京に移りました。大学院に入ってから半年くらい伊東豊雄さんの事務所に、修士二年のときは平田晃久さんの事務所に行って

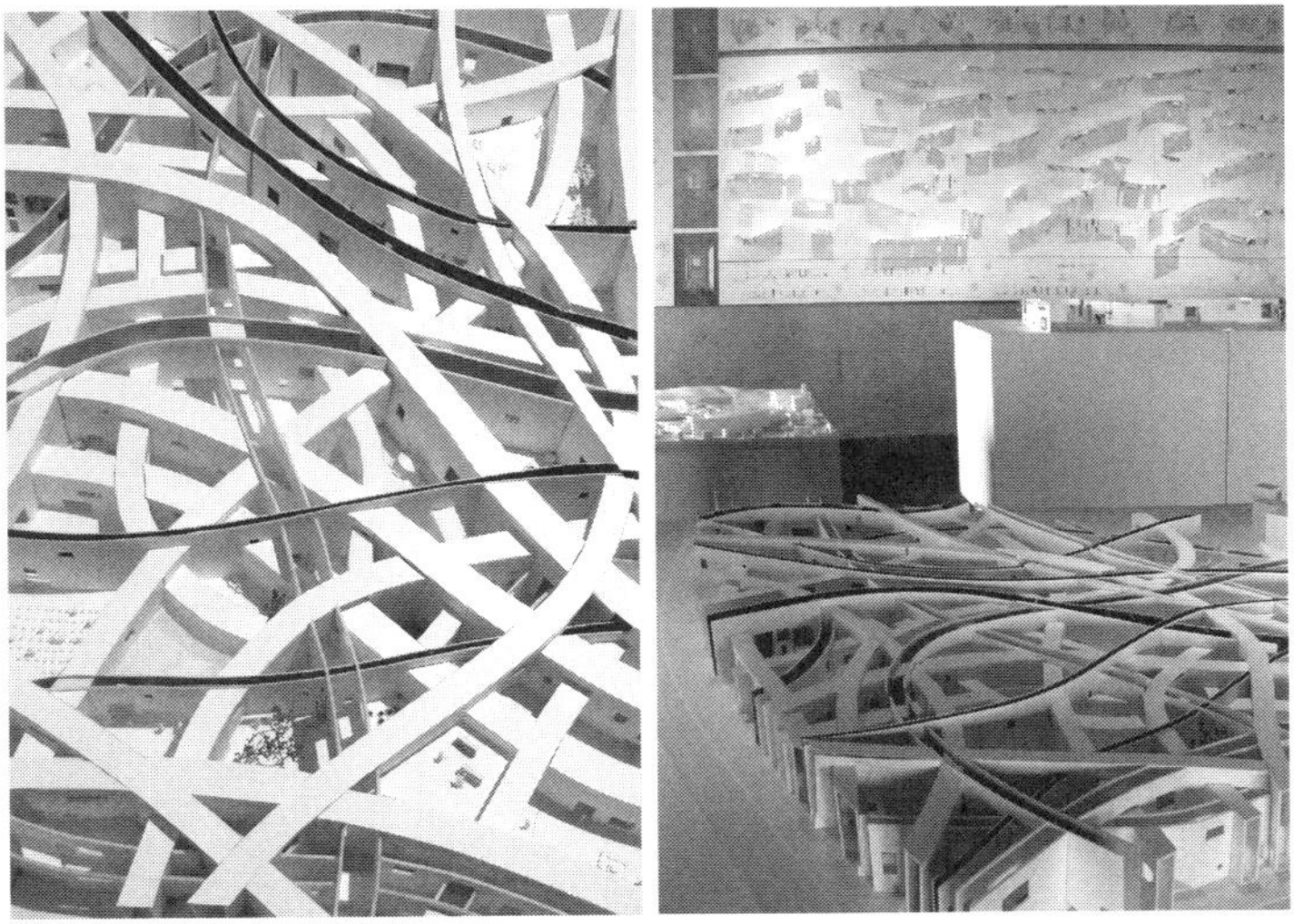

卒業設計「図書×住宅」

いました。大学院の中で印象的だったのが伊東豊雄さんのワークショップです。全国から三〇人くらいの学生が参加し、チームに分かれて一〇日間程度で提案をつくり、一番になったものが実現するというものでした。そのワークショップが始まってからは、ずっとそれにかかりきりでした。

　またわたしたちにとって初の実施設計である「千ヶ滝の別荘」の実施設計も始まったので、大学院生活はほとんどが実施設計、そのあいまにアイデアコンペに応募するという状態でした。なかでも実際に建築を建てることと向き合ったのは特別な経験で、構造設計家に出会って、素材について話したり、施工について学んだり、どんどん新しい世界が開けていくように感じました。

アイデアコンペについて

　アイデアコンペは学生時代からたくさん応募し

ていて、最初に出したのはシェルター学生設計競技二〇〇五というものでした。妹島和世さんが審査員でした。パートナーの百田有希といっしょに設計した初めてのコンペでもあったのですが、友人を巻き込んで、提案を京都御所の公園の中につくってみたんです。公園の管理の方にすごい怒られちゃったんですが、その経験がすごく楽しくて、それがきっかけとなって、以降も二人で設計するようになったので思い出深いコンペです。

他にもアイデアコンペはたくさん出しました。初めは楽しかったのですが、だんだんどこか戦略的になってしまい、コンペに消費されているように感じられて、それからは出さなくなりました。アイデアコンぺってどこか大喜利的というか、出されたテーマにいかに鮮やかに解答するかが試されるみたいなところがあると思うのです。それもすごく刺激的なことだけど、もう少しゆっくりとした時間の流れの中で建築を考えたくなったんだと思います。

大学で教えるようになって

二〇〇八年に独立して六年になりますが、最近いろいろな大学で教えるようになりました。

建築の迫力って、その人がいろんなことを悩んだり議論したり改変したりしてきたことが積み重なって図面や模型に現れてくるものだと思います。たとえ日常的な気づきや、等身大の愛情から出発した問題意識だとしても、それが日常の範囲内にとどまらず、それらを超えた創造性に向かおうとしているものをつくりたいと思うし、そういう提案に惹かれますね。自分のやりたいことに対して葛藤しながら、何かやろうとしている提案は面白いなと思うし、評価したいです。

建築学生へ

もともと私は、そんなに美術が得意なわけではなく、大学一～三年生までは学内でも評価されませんでした。高校で学んでいた物理や数学と違って、建築って何によって評価されるのかがわからなかったし。

でも不思議と、「これおもしろい」と感じてつくった提案が、意見も立場も全く異なるいろいろな人に共有され、「おもしろい」って言ってもらえる瞬間というのがあって、それを体験すると建築の見え方が変わるように思います。たとえば講評会でも、いろいろな先生が集まってきて何か言いたくなってしまう、こうしたらよい、ああしたらよい、という提案がたくさん出てくる提案はすばらしいものなのだと思います。そういう体験が学生の間にできれば、いいなあと思いますし、私も大学で教える立場として、できるだけその瞬間を共有したいと考えています。

また最近深く感じていることの一つに、何気ない学生時代の活動での魅力的な人々との出会いが、その後の縁につながっていくということがあります。楽しくやりがいのあるプロジェクトをつくるためには、人との関わりがとても重要で、その関係は学生の間から始まっていると思います。

建築はとても楽しく、誰にでも可能性は開かれています。私自身も一生を懸けて取り組んでいきたいと思っているし、その楽しさをできるだけ多くの方と共に感じられるといいなと思っています。

（二〇一三年一二月七日、名古屋駅。インタビュー：北川啓介）

私のコンペ体験

私が初めてコンペに取り組んだのは1年生の冬休みだった。学生でも出せるコンペの存在を知り、ぜひとも出してみたいと思ったのだ。大学の授業ではスケッチ課題とトレース課題しかなく、早く先輩たちのように建築学科っぽいことがやりたかった。しかし、独学で人並にアウトプットの技術はあったが、いかんせん初めての設計で右も左もわからなかった。

そんな折、他大学では既に設計課題をしているという話を聞いた。彼らと一緒にならば出せるかもしれないと考え、建築学生サークル♭（FLAT）を立ち上げて他大学の学生30人あまりを募った。3人×10班に分かれ、小さなコンペに各班で参加した。私の班では3人がそれぞれ違う視点から意見を出し、一人がCADで図面を引き、一人が模型を作り、私がプレボにまとめた。残念ながら入賞はできなかったが、先取りした設計の知識やプロセスはその後の学校課題で役に立った。

その後も2年生になると幾度となくコンペに挑戦したが、グループで出すことが多かった。個人でやろうと思ったことも多々あるのだが、一人だと様々な予定があるなかでどうしても後回しになってしまい、最後までやり切ることができなかった。複数人でやるのも、それはそれで大変である。意見が合わなかったり、都合が合わなかったり、すれ違って疎遠になってしまうケースもあった。

3年生なってからは実施のデザインに夢中になって遠ざかってしまったが、改めて思うのは、教授にあれこれ言われずに自由に設計できるコンペは、最も「建築学科っぽいもの」であり、「コンテンツの華」であるということだ。建築学科に入ったからにはぜひとも華を楽しんでもらいたい。そこから自分のやりたいことが見つかると思う。

王晶（おう しょう） 1991年生まれ。早稲田大学創造理工学部建築学科在籍。建築学生サークル♭（FLAT）を設立し他大学の仲間とTDW等に出展。得意科目／専門科目全般。苦手科目／教養科目全般。バイト経験／設計事務所。

6

CHAPTER

将来設計

建築学科で学んだことを、将来どのように生かすか。頭の片隅でエスキースし続けていると、学生ならではの生活もいっそう充実するだろう。無限にある選択肢のなかから、本章ではいくつかの仕事を採り上げた。道を切り開いた先輩たちの言葉を、自分という一つしか無い「敷地」に将来を設計するヒントにしてほしい。（倉方俊輔）

建築学生の武器とは

おめでとう！　建築学科を出たあなたは、残りの人生を自走していける。もう押してくれる親も、引っ張ってくれる先生もいない。絶対安心のレールもなくて、時代の環境さえ驚く位に変わる。振り返ったあなたは、学生時代が、そんな大地を一人で走る準備時間だったと気づくだろう。

建築学生にとって、そこで決め手となる「武器」は何だろうか？　専門的な知識と技術の学習を通じて、次の対極的な二つの能力が身についていると考える。

一つは、「抽象する力」だ。一見すると法則性を見出しにくそうな「社会」を、いわばパラメータの絡み合いとして把握する能力と言ってよい。目の前にある現実としての「社会」は、歴史的にも物理的にも絶対ではない。たまたま、今ここでそうなっている存在だ。ただし、理由なくそうであるわけでもない。力学的法則や機能的理由、生産合理性や心理的慣習、社会的要求や権力関係まで、様々な要素が組み合わさって、今ここでの形が成立している。要素の全てを把握す

ることはできない。しかし、重要ないくつかの変数の関係性に落とし込むことは可能だろう。システムをそのように抽象化して捉えられるとしたら、それは操作可能である。

そのための知恵は各専門科目が、つかみ取る勇気は設計演習等が与えてくれているだろう。「社会」は個々人が恐れおののき、ご機嫌伺いをしなければならない魔物ではない。俯瞰して把握することで、よりよいものに変えていける。読書や旅行を多くの先人たちが勧める理由も、明らかだろう。いずれも「今ここ」を相対化するための大事な遊び、かつ学びである。建築学科を出た人々が、様々な分野において、意外かつクール、それでいて共感を呼ぶアウトプットで活躍していることは例外的な現象ではない。それが建築なのだ。

こうした応用性の高さは、もう一つの「武器」を併せ持っていることに由来する。「物に即した力」である。建築というものは、抽象的な思考を追求している時にも、常に具体的な素材とスケールを忘れられないようにできている。こんな分野、あまりない。

「目に見えるものを絶対視しない力」と「目に見えるものの絶対性をつかむ対物力」。抽象と具体の両輪を鍛えることが、ますます変化する環境さえ乗りこなす「自走力」の近道ではないか。一般的で競争力に乏しい社交性や「コミュニケーション能力」なんかより、ずっと。

あなたは何になる？　設計者、構造家、それとも未来のスタンダードとなる名がまだ付いていない職業？　焦ることはない。あなたは十分にタフだろうから。

倉方俊輔（くらかた しゅんすけ）1971年生まれ。大阪市立大学大学院工学研究科准教授。1994年早稲田大学理工学部建築学科卒業後、同大学院修了、同博士課程満期退学。博士（工学）。西日本工業大学准教授を経て、2011年より現職。著書に『東京建築 みる・あるく・かたる』『ドコノモン』『東京建築ガイドマップ』『吉阪隆正とル・コルビュジエ』等。得意科目／なし。苦手科目／設計演習。バイト経験／家庭教師。

歴史を知り未来をつくる、建築家

建築の設計という仕事は、住宅や美術館等の建物をつくる仕事であると同時に、私たちの未来をつくる仕事でもある。僕自身、たとえ小さな住宅を設計する時にも、その一軒の家を超えて、「五〇年後、一〇〇年後の生活はこんな場所でこんなふうに行われているのではないか？」という壮大な空想とともに未来を構想することを心がけている。僕たちが今当たり前のように生きているこの世界も、そうやって過去にたくさんの建築家たちが夢想し、努力し、築き上げてきたからこその世界であることを考えると、その仕事の重さと面白さを感じてもらえるのではないだろうか。

僕が建築を一生の仕事として続けたいと思ったのには、ある一つの建物との出会いがある。大学四年の夏休みに、僕は一ヶ月かけてヨーロッパを旅していろいろな建築を見て回った。その旅の後半、南フランスに、その建物はあった。出来てからまだ五〇年ほどしか経っていない、比較的新しい建物だったのだけれど、そこには古びることのない、それどころか永遠に受け継がれていくような、とても深い何かが立ち現れていた。「ああ、建築というのはここまでたどり着けるものなのか。人類の数千年の歴史を引き継ぎながら、このような高みまで至ることができる仕事なのか。これは一生をかけてやり続ける価値のあるものだ」と感じたのだった。

だから、僕が学生の皆さんに勧めたいのは、ひたすらに建築を見て歩くことだ。世界にはすばらしい建築が本当にたくさんある。様々な異なる時代の様々な建築が、様々な違った仕方ですばらしい建築たりえているその歴史の深さと多様さを自分の目と身体で感じ取ることが、建築を学ぶ一番の道だと思う。建築だけではなく、街や自然の風景等、実際に見て感じたものは、その人のなかにしっかりと蓄積されていく。僕は今では仕事で海外に行くことも多くなったが、新しい場所を訪れることは常に大きな刺激であり、そこで目にするすばらしい建築やすばらしい街、そして人々の暮らしを見て歩くようにしている。そこからは多くの新しい発見と発想が湧き上がってくるのだ。

僕は、建築とは人類のすばらしい歴史を受け継ぎ、新しい光の下に再発見し、それを現代を通して未来へと引き渡していく仕事だと考えている。それはとてもやりがいのある、楽しい仕事だ。僕たちは常に歴史とともにあり、そして未来とともにあるのだから。

藤本壮介（ふじもと そうすけ） 1971年生まれ。建築家。1994年東京大学工学部建築学科卒業。2000年藤本壮介建築設計事務所設立。得意科目／物理、数学、図画工作。苦手科目／化学。バイト経験／なし。

構造家の使命

大学受験の時、宇宙船や建築など力学に基づく形状を生み出す設計をしたかった。そして建築学科に決まり自分は構造だと思った。構造を目指す人は多少なりとも数学、物理学が得意だろうと思う。それを生かして、建築家をサポートするのが構造家である。木村俊彦先生の事務所から独立した時「建築家が何をやりたいのかよく聞いてやりなさい」と言われた。建築家が力学や幾何学に基づいたデザインを生み出す時、「構造家」「エンジニア」の立場で協働し「構造デザイン」を生み出す。日本の建築家の多くが力学に興味を持っており、日本独特の構造とのコラボレーションは世界的に注目されている。裏方の立場でデザインを創出する、「裏方の醍醐味」がある。

材料の特性を知り、座屈現象(図1)を操り、構造実験(図2)を行い、職人の溶接の技を知り、メッシュ状の構造(図3)やガラス構造を生み出す。かつて半谷裕彦先生により「形態解析」という言葉が作られた。形態解析ソフトウェア(図4)を作成し、強い多面体や曲面を生み出すこともある。

そんな構造家の最大の役割は、人の命を守ること。災害の度に我々構造家は感じる。大自然の全てを知ることも、操ることもできないけれど、あと少し地震の揺れを知ることができたら、あと少し水の流れを知ることができたら、あと少し多くの人を救えたに違いない。重責ではあるが力学を操ることができるようになった人がやらなくてはならない。これに誇りを持ち、勉強を重ねてゆくと少し余裕が出る。そして、力学に基づいた豊かな空間を創出し、設計手法を構築し、構造家の個性、作風も発揮できるようにもなる。

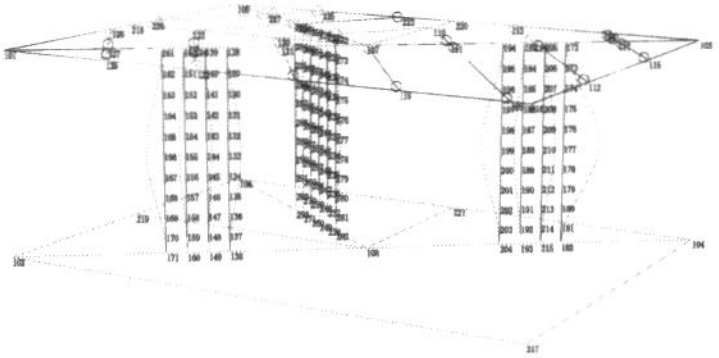

図１　極細の材に起きる「座屈現象」の解析

図２　「クリスタル・ブリック」（建築家：山下保博）のガラスブロック構造の実験

図３　〈公立はこだて未来大学研究棟〉（建築家：山本理顕）のメッシュ状の構造

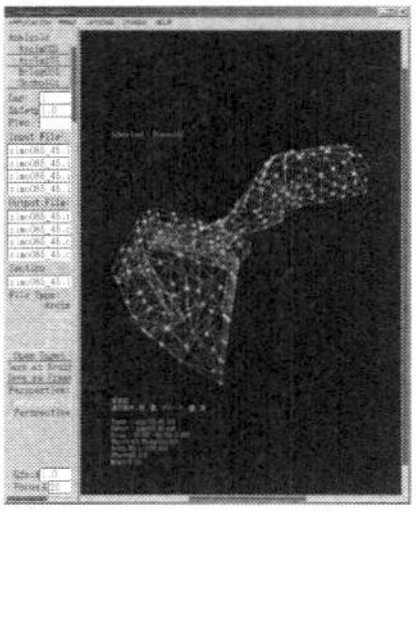

図４　〈川棚温泉交流センター〉（建築家：隈研吾）の多面体の力学的に強い形状を探索するために作成した「手動形態解析ソフトウェア」

佐藤淳（さとうじゅん）　1970 年愛知県生まれ。構造家。1995 年東京大学大学院工学系研究科建築学専攻修士課程修了。1995 ～ 99 年木村俊彦構造設計事務所勤務。2000 年佐藤淳構造設計事務所設立。2010 年より東京大学特任准教授。作品に〈公立はこだて未来大学研究棟〉（建築家：山本理顕）〈クリスタル・ブリック〉（建築家：山下保博）〈四角いふうせん〉（建築家：石上純也）等。得意科目／数学、物理学、苦手科目／国語、社会、バイト経験／家庭教師、建築模型

設備家に寄せられる期待

環境・照明エンジニアの視点――「環境エンジニア」という立場が注目され始め、国内外を問わず建築業界は意匠や構造だけではなく設備分野とのバランスが大切になってきた。私は設備の側面から給排水等のインフラ、断熱、空調・照明といったエネルギーの問題について考えることで資産価値を下げない設計を心がけているが、住宅価値の指標・住宅性能評価等の観点からの内容が多くある一方、果たして本当に正しい方向へ向かっているのかという疑問もある。

これからの建築設計は、教科書どおりの設備設計を行うことで過剰にならないように工夫が求められるであろう。そのことは大手組織が最も苦手とする領域であり、私たちのような小さなエンジニア集団こそが切り開ける道だと確信している。

改修設計――高度成長期に建設ラッシュが続いた日本では現在、既存建物の建て替え問題を抱えている。築四〇年以上の住宅が四五万戸以上、三〇年以上は七五万戸程度あり、設備配管の更新問題や古い建物の省エネ化等、設備設計が担うべき役割が多いため、意識して改修に取り組まなければならない。築浅のマンションは改修すべき対象であり、新築に建て替える場合には廃棄物が多いため、環境破壊につながることになる。

また容積率等の法改正がある場合には、建て替えることで、容積が減るため、改修で既存容積を確保したままの方が経済的にもメリットがでてくる。改修では建物の状況を理解して設備的な解決策を見出すことが大事になる。建築家と共に改修設計に取り込むことで、環境を意識した新しい技術を数多く提案することができる。

コラボレーション――日本には有能な若手デザイナーや建築家が数多くいるにもかかわらず、彼らを育てる気風があまりないことは大きな問題である。これでは海外にバトルフィールドを移すデザイナーが多くなるのも仕方がない。

また、日本では経験の少ない建築家たちはコンペにエントリーするだけでも高いハードルがある。そこで積極的に建築家とのコラボレーションでコンペ、プロポーザルに参加するのだ。一緒に創り上げることにより、新しい設備のアイデア、先進的なアイデアをたくさんの建築家が心から楽しみにしていてくれる。また、新しい提案をリスペクトしてもらえる、可能性のある仕事となる。ここにはたくさんの期待に応えるだけの説得力のあるデザインを提示できるチャンスがある。これが設備設計者の醍醐味である。

遠藤和広（えんどう かずひろ） 1963年生まれ。建築設備家。照明エンジニア。青山製図専門学校非常勤講師、建築知識学校講師等。㈲EOSplus 代表取締役。㈱関電工で建築および施工を6年間学んだ後、㈱日永設計で10年間木林茂利氏に師事。1999年独立。著書に『最高の住宅照明をデザインする方法』。プロジェクトに〈代官山蔦屋書店〉〈吉本興業東京本社〉〈東京大学生産技術研究所アニヴァーサリーホール〉等。得意科目／特になし。苦手科目／電気工学。バイト経験／電気工事、運送屋、ビル清掃他多数。

研究職の役割

人口減少や脱ハードの風潮が語られるなか、建築の仕事には割の悪い印象がある。けれども日本には一億以上の人間が住んでおり、空間の可能性を開発する余地はまだ多い。海外に目を向ければ、確実に日の当たる所に位置している。このように、建築を専門とする人は、困難はあっても、環境の成就に具体的に関わる側にいたいと思う人が多いのではないだろうか。こう言うと、実務家である私の属するもう一つの場所、研究者としての職能の説明に困るのでは、と心配してくれる向きもあるようだ。でも心配ご無用、世の中に疎いように見える研究の世界は、現状を相対化する力に満ちた環境なのである。

雄々しい印象がある建築実務だが、実際は、時間・お金・社会的規制といった限られた条件のなかでベストミックスを探し当てる地味な作業であり、前提条件を所与とするドライな経済活動だ。こうした場所から、腕力（デザイン力）一つで抜け出そうとするのは、逆にナイーブで高リ

スクとも言える。条件に柔らかく介入し、よい方向にずらしていくフットワークこそ重要だ。

たとえば、ここ数年取り組んでいる公共建築発注に関する国際比較研究を例に取ってみよう。各国が公共建築を建てる際に採用する手法の分析とその構造的背景を探る活動である。外国語で書かれた書類のなかで彷徨いつつ、法律や職能の歴史等を一つ一つ丁寧に整理する地味な作業だ。建築デザインが前面に出ている訳でもない。しかし、様々な社会を比べつつ、具体的出来事を再構成して要因を明らかにする作業は楽しいし、そこで得られる構成力は、社会的な条件の相対化に欠かせない力でもある。そして、これは研究活動全般に共通した事象でもある。

では、研究者になるには、何をしたらよいのだろう。まず求められるのが、大学のような研究教育機関に所属し、研究論文を書くことだ。最近では、働きながら論文に取り組むことができる社会人博士コースも多くの大学で用意されている。そうした所で、建築に関する課題を掘り下げ、論文に取りまとめる修業を積む。対象にしっかり密着しながら、関連する事象について、読み・語り・書くを執拗に繰り返すことで、思想の背骨になる論を鍛錬していくのだ。特に過去の知を活用する力を得る「読む」は基本である。哲学者U・エーコは、この魅力を「巨人の肩の上に乗る」と活写している。

研究者としてのポストは少ないが、実務者としての自分のなかに、もう一人の自分（研究者）を育てる行為からは、難しい社会を生きていくための多くの糧が得られると信じている。

小野田泰明（おのだ やすあき） 1963 年生まれ。建築計画者。建築学研究者。東北大学大学院工学研究科教授。東北大学建築学科卒業。HP Design, New York、東北大学キャンパス計画室、UCLA 客員研究員等を経て、現職。博士（工学）、一級建築士。著書に『プレデザインの思想』等。得意科目／構造力学、建築計画、建築設計。苦手科目／英語。バイト経験／型枠解体工、飲食業。

上述の研究については、小野田泰明、山田佳祐他「英国における PFI 支援に関する研究」『日本建築学会計画系論文集』No.657、2010 年、pp.2561-2569 を参照のこと。

組織事務所で働く醍醐味

「組織（設計）事務所」（以下、ソシキ）は、建築設計全般の仕事をこなす会社組織だ。ソシキは、意匠設計者だけでなく、構造、設備、積算、工事監理等、建築設計に関係する各分野のスタッフをかかえている。この呼称は、日本が高度成長期を迎える今から五〇年ちょっと前に生まれたのだが、「組織」という言葉をわざわざ「設計事務所」の前につけたのは、多分野の技術者が所属する会社組織としての側面を強調するためだったようだ。ちなみに建設会社（ゼネコン）にも設計部門がある。その生業が建設することである点がソシキとは異なるが、類似点も多い。

組織と言うと、巨大で整然とした、自分が部品の一つとして組み込まれてしまうような場を想像するかもしれないが、ソシキにそれはあてはまらない。建築設計はあまり分業化できないからだ。通常は、個々のプロジェクトごとに編成する設計チーム（ボスを含む数人の意匠設計者＋各分野一人程度の技術者）で設計を行う。そのため、個々の力量がダイレクトに出来上がる建築に反映されることになる。そうした設計チームが、ゆるやかに結びついた集合体がソシキの基本形である。様々なタイプの設計者や技術者が共存し、互いに影響しあいながら成り立っているのだ。ソシキの施主は、多くの場合、会社や公共団体等である。個人住宅を扱うことはごくまれだが、それ以外のほとんど全てのタイプの建築を手がける（得手不得手はそのソシキによって異なる）。ソシキに所属した後、実際にどういった建築に携わることができるかは運次第だが、逆に言えば、超高層ビルから学校や病院まで、あらゆるタイプの建築に携われる可能性があるのだ。

こうした仕事の多くは、他社との競争の結果得られる。最も一般的なのは、初期段階の設計図や提案書を提示し競うやり方だ。コンペあるいはプロポーザルと言う。文字通り、施主が自分たちをパートナーに選んでくれるよう、案を示しつつプロポーズするのだが、ここで勝ち抜くためには、狭義な意味でのデザイン力だけでは難しい。想像力、洞察力、文章力、会話力をはじめとした、トータルな人間力が必要となる。そう言う僕自身まだまだ発展途上なのだが。

建築学科は課題も多く忙しいため、どうしても学科内で閉じがちだが、努めてそこから踏み出すことをお勧めする。様々な分野の人たちと接することは人間力アップにもつながるし、人脈も広がる（将来の施主に出会えるかも！）。さらに、建築への手がかりを他分野から見つけることができれば、それは誰にも真似のできない自分独自のものとなる。ちなみに僕は学生時代から音楽を継続しているが、そこで培った人脈や知識は僕の建築生活に少なからず好影響を与えている。

芝田義治（しばた よしはる） 1972年生まれ。建築家。㈱久米設計所属。千葉大学工学部卒業。東京工業大学大学院修了。これまでに音楽大学や県立図書館等の設計を手がける。現在は駅ビルや大学キャンパスの設計に従事。一方で、建築設計資料集成の作成等にも加わる。日本建築学会機関誌の編集委員をつとめた際には、音楽での人脈を活かし、タモリ氏へのインタビューを成功させた。得意科目／設計製図、建築史。苦手科目／一般教養。バイト経験／日本マクドナルド、釜飯屋、家庭教師、設計事務所。

地方で働く魅力

建築家は建築学科の多い大都市に集中しているため、それ以外の地方の多くはまちづくりや建築設計で積極的に提案できる人材が不足している。その偏りは「地方の時代」と言われても一向に解消せず、それぞれの地方が抱える問題に対しても手付かずの状態が続いているように見受けられる。

私は東京の学校を卒業すると同時に、出身地である北九州市にある設計事務所に就職した。いつかは生まれ育った場所で設計したいと思っていたが、卒業に際し、東京に残るか、地元に帰るかは随分悩んだ。最後はアルバイトをしていた事務所の所員の方が「今のタイミングを逃すと戻れなくなるかもよ」とアドバイスしてくれたことが大きな引き金となり、地元に戻る決心をした。

その後五年間勤務し、独立して一〇年が経つが、地方で働く上で最大のメリットは建築を造る手応えにあるのではないかと思っている。その手応えの要因は、三つの近さにある。一つ目はク

ライアントとの関係の近さ。設計依頼はクチコミか紹介等によるものが多く、今ではクライアントに共通の知人がいないことはないほどだ。数回の打ち合わせでかなり距離が縮まり、お互いのことをよく知る関係になる。その上で設計を進めるため、それぞれのクライアントに対して適切な提案ができ、施主も多くのことを任せてくれているのではないかと思う。二つ目は施工業者との関係の近さ。今では施主側からの条件がなければ、規模に応じて特定の三社のいずれかにお願いするようにしている。各社とも担当は決まっているので、こちらの意図を的確に理解してもらっている。現場での議論はあるが、お互いに敬意を払い、良いものを作る意識は常に共有でき、気持ちよく現場を進めることができている。三つ目は現場への物理的な距離の近さ。いつでも現場に足を運ぶことができることは、日々建築を学び、造っていく上で大きな利点だ。そのような環境が私たちの設計活動を支えてくれ、一つ一つの仕事を手応えのあるものにしてくれている。

地方にはまだまだこれから掘り起こすべき可能性や課題がたくさんある。前を走る人がいないところで新しいことにトライすることには不安も伴うが、住んでいるからこそわかる場所の魅力を引きだし、多くの人にとって住んで良かったと思える街になることを願い、活動している。大都市では人が多すぎて努力が徒労に終わることがあるかもしれないが、地方では大丈夫。熱意を込めて活動すれば、ちゃんと見ていてくれる人が必ずいる。その安心感のもと、思いきって活動できるのが地方で働く魅力だ。

古森弘一（ふるもり　こういち）　1972 年福岡県北九州市生まれ。建築家。九州大学、九州工業大学非常勤講師。1998 年明治大学理工学研究科博士前期課程修了。2003 年古森弘一建築設計事務所設立。主な受賞に、福岡県美しいまちづくり賞大賞（2009 年、東神原の家）、グッドデザイン賞（2011 年、西法寺納骨堂／2013 年、九州工業大学製図室）、建築九州賞作品賞（2013 年、九州工業大学製図室）。得意科目／設計製図。苦手科目／一般教養。バイト経験／飲食店、トラック助手、設計事務所。

建築と不動産をつなぐ新領域

「不動産」という言葉を耳にして、頭のなかには何が思い浮かぶだろう？　地上げ。立退き。よくわからない大金が動く、少しブラックなイメージ。そんな印象を持つ人も多いのではないか。ただ、考えてみてほしい。多くの建物は土地の上に建てられている。どの街で暮らすのかはとても重要なことだし、賃貸住宅に住んでいる人も多いだろう。不動産はライフスタイルの根幹に関わり、建築と不動産は切っても切れない関係にある。建築が社会／マーケットと最も大きな接点となっているのが、不動産と言える。

「東京R不動産」は、魅力的な物件のみをセレクトして紹介する、不動産仲介のウェブサイトだ。これまでの不動産仲介は、広さや価格、南向きといった文字情報の羅列だけでやり取りされ、土地や建築が持っている魅力を伝えきれていなかった。それに対して、僕らは、物件を自分たちの視点で見て、自分たちの言葉で語ることで、これまで見えてこなかった魅力を探し出す宝探しのようなことを行っている。R不動産を立ち上げた理由はいろいろあるが、当時を振り返ると、建築の持っている価値を社会／マーケットにちゃんと伝えたいという思いが強かったからだと思う。

不動産業界では、建築は経済性という軸で語られることが多い。たとえば賃貸住宅における「よい建築」とは、「高い家賃で早く決まる建築」ということになる。どんなに街並みに貢献し、コミュニティを活性化させても、それだけではよい建築とは言えないということだ。このことについては賛否両論あると思うが、目を背けてはいけない社会の事実なのだ。

僕らは、現在、不動産仲介・コンサルティング、建築設計・プロデュース、建材＆サービスの販売等のいろいろな事業を行っている。一見関係なさそうに思えるこれらは「不動産」により結びつけられている。建築の計画を進める際、東京R不動産を通じて出会ってきたお客さんの言葉がとても役に立つ。お客さんは何を求めているのか？　建築が社会のどの部分で必要とされているか？　そんなことを深く考えながら、不動産業界のニーズを満たしつつ、社会に対しての新たな提案を内包しつつ、居心地のよい、本当の意味での「よい建築」を創っていきたいと思っている。

不動産業界は、まだまだ街や建築に対して意識の低い業界でもある。その一方で、世の中、特に都市部の住宅のほとんどは不動産業者であるデベロッパーが供給している。彼らが変わると日本の住宅のあり方が一気に変わる可能性がある。「この場所をどうすべきか？」という視点を持ち、不動産を通して建築と関わることには、社会や街を大きく変えるチャンスが溢れているのだ。

吉里裕也（よしざと ひろや）　1972年京都生まれ。㈱スピーク代表取締役。「東京R不動産」代表ディレクター。東京都立大学工学研究科建築学専攻修了。ディベロッパー勤務を経て、2004年SPEAC, inc. 共同設立。不動産・建築・デザイン・オペレーション・マーケティング等、包括的な視点で様々なプロジェクトのプロデュースを行う。共編著書に『東京 R 不動産』『だから、僕らはこの働き方を選んだ』等。得意科目／特になし。苦手科目／細かい作業、単調な作業。バイト経験／建築事務所、土方（工事現場）、飲食関係、イベント設営等。

建築を伝える、ジャーナリストの仕事

もともとは出版社に勤めていた。大学の建築学科を卒業すると、大学院には進まずに、日経BP社（当時は日経マグロウヒル社）に就職。そこで発行している『日経アーキテクチュア』という建築専門誌の編集部に配属された。

新聞社が設立した出版社だったため、社風もそれに近かった。原稿の執筆も社外のライターに任せるのではなく、社員が自ら企画して、取材、執筆、編集までを行う体制を採っていた。当時の肩書きは「記者」である。

雑誌記者という看板は強力で、それを明かすと、一般の人は入れない建築の内部を見ることができたり、世界的に著名な建築家の話を直に聞けたりする。その特権は、あくまで読者の代わりとして与えられていることを忘れてはならないが。

一一年の間、勤めた後、会社を辞めて、知人の編集事務所に加わった。現在は、事務所で建築分野の出版物製作を手伝いながら、新聞や雑誌に建築関係の記事を寄稿するという毎日だ。

独立後は肩書きをどうするかで迷っていた。建築ライター、建築ジャーナリスト、建築エディター等を、訊ねられるたび適当に使い分けていたが、最近は建築ジャーナリストと称することが多くなった。

ライターとジャーナリストの違いは微妙だが、前者は企業等の依頼を受け、その求めに応じて文章を書く職業であり、後者は執筆者自身の関心と責任において文章を書く職業である。そんなふうに使い分けられるのではないかと、個人的には考えている。この業界に長く身をおいて、ようやくそうした仕事の割合が多くなってきた、というわけだ。

もし建築ジャーナリストになりたいのなら、学生のうちから多くの本を読んでおくことを薦めたい。読むべきは建築書に限らない。むしろ科学、思想、文学等、建築以外の書物を幅広く読んでおく方がいい。建築書は文章を書く仕事に就いてからでも読める。自分も記者になってから、取材対象について泥縄式に本を読んでいくうちに知識を蓄えていった。

それだけでもライターにはなれるだろう。しかし、ジャーナリストとして活動し続けることは難しい。必要となるのは、専門分野にとどまらない広範な知識のベースである。それをつくり上げるのが、学生時代の総合的な読書経験だと思う。

磯達雄（いそ たつお） 1963年埼玉県生まれ。1988年名古屋大学工学部建築学科卒業。1988～99年『日経アーキテクチュア』編集部勤務。2000年に独立。2002年から編集事務所フリックスタジオを共同主宰。桑沢デザイン研究所非常勤講師、武蔵野美術大学非常勤講師。共著書に『昭和モダン建築巡礼』『ぼくらが夢見た未来都市』『ポストモダン建築巡礼』『634の魂』『菊竹清訓巡礼』等。得意科目／なし。苦手科目／構造力学。バイト経験／自動車部品工場、出版社等。

建築と人をつなぐ、まちづくりの仕事

地方都市の商店街で、意欲のある人たちが組織化され、話し合いを重ねて活性化の計画を練り、自分たちのデザインルールをつくって街並みを建て替えていった。あるいは、東京の郊外で空き家を使いたい人たちを組織化し、活用計画をつくってオーナーと交渉し、リノベーションによって地域の拠点に再生した。これらがまちづくりである。

まちづくりの仕事は「他人の土地にみんなのためになる提案をして実現すること」と定義できる。お互いがお互いの土地を考えることから商店街の活性化はスタートしたし、オーナーに頼まれたわけでもないのに空き家の活用計画をつくった。同じように建築の仕事は「誰かの土地に誰かのためになる提案をして実現すること」と定義できるが、まちづくりと建築の大きな違いは、他人の土地に頼まれもしないのに提案をするか、という点にある。都市は多数に所有されており、建築のように有数の人を対象に仕事をしない。いかに他者を納得させて都市の空間をつくっていくかに、この仕事の専門性がある。

そこには三つの専門性がある。一つ目は空間を読みとって「よい計画」をつくる専門性、二つ目はその空間に関わる人たちの意志を集めてつながりや組織をつくる専門性、三つ目は発意から実現までのプロセスを組み立てる専門性である。つまり、「よい計画」「よい主体」「よいプロセス」の三つを組み立てることで、いかに他者を納得させるかが、専門家の腕の見せ所である。建築学科で学ぶことによっては一つ目の専門性、特に空間の提案力がつくことが強みである。

職場としては、大都市ではまちづくり専業の行政や民間の組織が発達しており、プロとして雇われる。小都市ではそのような組織は少ないが、地域で長く活動することが、雇用関係と関係なく、一つのまちづくりに持続的に関わることにつながる。どちらも魅力的な仕事である。私自身は学生時代、建築デザインをやりたかったのだが、「自分の苦手なことをやろう」と決めて、いろいろなことをやることにした。行政でも働き、NPOの中間支援組織も立ち上げ、コンサルタントもやった。様々な視点からまちづくりに取り組めることも強みになったと考えている。

まちづくりは「他者が納得する瞬間」が積み重なって進んでいくものである。そういう瞬間に、私はリーダーではない「その他大勢」の人の顔を見るようにしている。彼らが「わかった」という顔をした時は、すなわち「まちが動いた」ということであり、それを目撃することがまちづくりの仕事の醍醐味である。

饗庭伸（あいばしん）　兵庫県生まれ。首都大学東京准教授。早稲田大学理工学部建築学科卒業。2007年より現職。専門は都市計画とまちづくり。研究室で常に複数のプロジェクトを進行中。得意・苦手科目／特になし（あまり学校に行かない古風な学生だった）。バイト経験／造園事務所で図面描き以外は、築地の魚河岸、六本木の飲み屋、池袋の大人向けビデオ屋等で東京を味わうようにバイト。学部3年生時にはIAESTEというプログラムを使い、スペインで8週間のインターン。

建築家成り上がり

山田幸司

やまだ こうじ／1969年生まれ。建築家。建築批評家。建築活動家。1991年愛知工業大学建築工学科卒業後、石井和紘建築研究所勤務を経て、山田幸司建築都市研究所設立。2007年より大同工業大学（現大同大学）工学部建築学科准教授。五十嵐太郎、南泰裕、松田達とともに建築系ラジオ主宰。苦手科目／英語・ドイツ語。バイト経験／ガソリンスタンド、家庭教師。

山田幸司さんは、建築系ラジオコアメンバーとしても知られた、異彩の建築家。石井和紘氏に師事し、大同工業大学（現大同大学）准教授をつとめ、建築系ラジオでは語りの才能を遺憾なく発揮しましたが、二〇〇九年に惜しくも不慮の事故で亡くなりました。エリートでなくても建築家になれることを強調していた山田幸司さんが、どうやって建築家になったのかを、自身が語った内容と、学生時代からの山田さんを知る妻ゆかさんへのインタビューをあわせて紹介します。（松田達）

中学を出たら大工になるつもりだった

僕が全国の学生さんをひょっとしたら勇気づけられるかもしれないと思うのは、建築家にはいわゆるエリートが多いなか、そうでなくても建築家にはなれるというお話ができそうだからです。エリートとは要するに東京大学や京都大学、またはコロンビア大学やAAスクールを出た方たちのことですね。建築系ラジオ（建築についての様々な話題を全国配信している。http://architectural-

radio.net/）のレギュラーメンバーを見ても、私以外は全員が東大出です（二〇〇九年当時）。そんななかで建築家になるのは、やっぱり大変なことです。私自身は地方の大学、愛知工業大学を出ていますが、少し遡ってお話しします。

僕の親父とお袋は鹿児島と宮崎の出身で、二人とも中学卒業後、集団就職列車に乗って、愛知県にたどり着きました。そこで結婚し、僕が生を受けました。二人とも一生懸命生き、働いていました。学校に行きたかっただろうけれども、家庭の事情もあって中学を卒業後すぐに働きだした両親を僕はすごく誇りに思って育ちました。

僕は工作が好きで、大工さんに憧れて家を作ってみたいと思っていたので、中学校を卒業したら、大工になるのが第一希望でした。両親も賛同してくれましたが、中学校の先生が「わりと勉強ができるんだから高校に行って、その上で大工さんになるっていう手もあるんじゃないか」と助言してくれたんです。そこでとりあえず町で2番目位の進学校に入学しました。

白衣の化学者を目指した高校時代

ところが高校で勉強するうちに、化学者になりたいと思い始めたんです。白衣を着てフラスコをキュッキュッキュとゆすって実験をし、ノーベル賞を受賞する、そんな化学者に憧れて、受験勉強を始めました。新しい果物をつくるバイオテクノロジーとか、いろんなことを考えて農学部を本命として国立大学を目指して。うちは貧しい家庭なので、親に迷惑をかけたくなくて、国立大学しか行くつもりがなかったからです。

ところが友達に「とある私立大学を受けたいが、自分一人だと心細い、友達だから一緒に受けよう

ぜ」と誘われて、訓練の意味で受けたのが愛知工業大学の建築工学科でした。で、入るつもりはないのに受かってしまうのです。一方で受かる予定だった国立大学には落ちちゃった。僕は大工みたいな仕事を探して、就職しようと思っていました。だけど母親の愛ってすごいなと思うのは、僕が振り込まなくていいと言っていた愛知工業大学への入学金を振り込んでくれていたんです。

「嫌だったらやめてもいい。一週間とにかく大学に行ってから、辞めるなら辞めてくれ」と言われて、一週間だけ行きました。そしたら、ある子が僕に話しかけてくれて、その子と友達になったのをきっかけに、結局その大学になんとなく行くことになっちゃったわけです。

証券マンを目指した時に気づいた、建築の魅力

では建築学科に入って建築家を目指したかと言

うと、建築の設計はつまらなくて全く興味がありませんでした。大工の仕事と建築の設計は全然違う行為です。それでうだうだして、卒業したら証券会社の証券マンになる、バリバリのサラリーマンになるんだ、なんてことを目指して、大学一、二年生を過ごしていました。ただ、三年生になって就職活動を考え始めた時、就職試験では、出身学科である建築のことを聞かれるに違いないと気づいたんです。それでとりあえず建築の一・二・三を勉強しておかないと「こいつ馬鹿だ」と思われると。せっかくこの大学に来たんだから、建築を勉強しようと、この時初めて思ったわけです。本屋に行って、買ったことのなかった『新建築』を買い、隣にあるもう一冊の本も買ってみました。それが、宮脇壇さんという建築家のエッセイです。偶然買ったその本がものすごく面白かった。「なんか建築って面白そうだな」って思い、証券会社には行くけれど、もう少し建築を勉強してみようかなと、いろいろ本を見だしたらハマってしまったんです。そこから建築少年と言うか建築人間になり、建築漬けの日々が始まりました。

(以上、山田幸司氏談。初出：二〇〇九年にウェブサイト「建築系ラジオ」にて配信された内容をもとに再編集)

山田幸司の建築的生活——ホスト、塾講師、そして独立後初仕事 (以降は山田ゆか氏談)

大学三年生でやっと建築に興味が湧いた山田は、四年生の終わりには何日も学校に泊まり卒業設計に打ち込んでいました。卒業後は東京に行きたがっていましたが、就職活動は全くしておらず、卒業設計の図面だけを抱えてとりあえず上京したのです。石井和紘建築研究所をアポなしで訪問し、最初は門前払いだったそうですが、結局は入所できました。一九九一～九五年まで石井事務所に勤めている間はずっと、帰宅は夜中の遅い時間か早朝で、また同じ朝のうちに出ていく大変な生活でした。石井事務所ではボスの石井さんをはじめ、スタッフも東大出身の人が多くて、自分が一流大学出身じゃないことで、人の何倍も勉強していたと思います。次にテイク・ナイン計画設計研究所という都市計画事務所で都市開発の仕事もしていたそうです。

その後、約一年間のホスト時代もありました。仕事は厳しくて、遅刻は絶対ダメで罰金制度があります。お客さんがつけば同伴出勤もしなくちゃいけないし、昼間は社交ダンスも練習し、お酒も毎日朝まで飲まなきゃいけない。ホストと言えば高給だと思われるかもしれませんがそれほどではなく、厳しい世界でした。ホストをしたのは人脈を作る目的で、「全ては建築のためだ」と言っていました。その店はテレビに取り上げられるような有名な店で、お金持ちで年配のお客さんも多かったようです。ホストになると聞いた時は驚きましたが、こうと決めたら言っても聞かない人なので、仕方ありません。ただ朝方に酔っぱらって帰ってくるので、子供の幼稚園送迎バスの時間とはずらして帰ってくるように約束しました。

その後、ホストをやめてからの一年は、私が昼間働きに出て、その間主人が二人の子供の面倒を見、夕方からは今度は主人が出ていき塾講師をしていました。塾講師の仕事が終わって夜一〇時頃に帰宅すると、私がまた交代で出て行って、駅前の小さな居酒屋で夜中二時頃まで働くという生活をしていましたが、上の子の小学校入学を機に地元の愛知県に戻りました。この二年間の生活で、設計する時間はなかなかありませんでしたが、常に頭のなかでは建築のことを考えていたようです。

独立後初めての仕事

ある時、一番仲のいい高校時代の友人から住宅設計の依頼がありました。好きなようにやってくれと。それが独立後はじめての仕事です。そこで設計事務所を作って、自宅で設計していました。現場が始まると毎日現場に通っていましたね。設計に一年、工事に一年、その間、それだけでは食べていけないので、非常勤講師での働き口を求めて、いろんな学校に応募書類を送っていました。しばらくして仕事が増えると、名古屋の鶴舞でオフィスを借りて、設計事務所を構えました。以上が独立までのエピソードになります。

建築の幅広さを自分で経験したい人

設計においては自然をとても大事にしていました。風も光も取り入れること、特に光が一切入らない部屋は作ってはいけないと。そして、「三年くらい働いたら別のところに行って、また三年くらい経ったら別のところに行って違うことをする、そうしていけば幅広い建築の分野を網羅できるようになる」とよく言っていました。また、興味のあることは何でもやりたい人、何でも自分で経験して知りたい人でした。自分で学んだことだからこそ人に伝えられるということが一番重要で、医者やパイロット、東大入学も今からでもできるならやりたいと言っていました。そのように興味の幅を拡げながら、建築に関わり続けるつもりだったのだと思います。

（構成・インタビュー：守行良晃、写真撮影：アートスタディーズ）

私の将来設計

私は、現在大和ハウス工業株式会社の設計部に勤務している。今担当している物件は消防車の工場だが、様々なビルディングタイプに関わることができる部門で設計の実務を積んでいる。

思えばこの 10 年間たくさんの寄り道をしてきた。高 3 の冬に父が脳梗塞で倒れて施設暮らしになった。また小児マヒで自分では動けないおばと一緒に暮らしてきたこともあり、大学では福祉と心理学を学んだ。二回生の時、学内のバリアフリー環境を調べる授業があり、建築と福祉の接点を見つけた。そして建築を学ぶため、四回生の時に専門学校夜間部の建築学科とダブルスクールをした。専門学校の二年目には、昼間部の授業にももぐりこみ、設計課題に熱中。卒業設計では福祉施設を設計した。この一年間で、建築をつくること、考えることがどういうことなのか気づかせてもらえたと思っている。

卒業後、設計事務所でのバイトで実務を体験したことで、建築と福祉を広い視点から考えたいと思い、大学院に進学。修士二年目には、慶應義塾大学の水野大二郎さんからの誘いで、インクルーシブデザインの手法を用いたプロジェクトに参加。多様なデザイナー・建築家との協働を通して、実務的な視点の重要性･面白さに気づき、就職を決意した。

就職活動中に、現在勤務する会社に高齢社会の医療・福祉施設のあり方を考える部門があることを知り、ここで働ければこれまで学んできたことを活かしつつ設計の実務が積めると思い、志願し、運よく採用していただいた。就職活動のなかでは、自分がやってきたこととこれからやりたいことを物語として語れるかがポイントだと気づいた。

どんな「設計」でも小さな気づきの積み重ねだと思う。今後も小さな気づきを見逃さずに行動に移し、今想像していないところに行きたい。

森村佳浩（もりむら よしひろ） 1985 年生まれ。大和ハウス工業株式会社本店建築事業部設計部。大阪教育大学、大阪工業技術専門学校建築学科 II 部卒業。大阪市立大学大学院創造都市研究科修了。2012 年より現職。得意科目／建築計画。苦手科目／なし。バイト経験／設計事務所、宅急便の早朝バイト。

おわりに

建築学科には独特の魅力がある。多分、みなさんもその魅力に気づいて建築学科に入ったのだろう。あるいは何かその魅力を感じ始めて、本書を手にとったのかもしれない。

いったい建築とは、どういう学問だろうか？　理系なのに、数学をほとんど使わなくてよいし、歴史学もある。巣立った建築家は、建築も建てるが、難しい文章もたくさん書く。芸術の一種なのに工学部にあり、工学なのに芸術系学部にもある。理系、文系、芸術系のどれでもない、いやそのいずれとも言える、不思議な学問だ。建築学科に入った多くの学生は、次第にその一筋縄ではいかない「建築」の魅力に、惹きつけられていくだろう。

自分自身が学生の時、このような本があれば嬉しかった。筆者は学部が都市工学科で、修士から建築に移ろうとしたが、建築学科について教えてくれる人がなかなか見つからず不安だった。本書があれば、その不安は解消されていただろう。そのように本書は、いま建築学科にいる人はもちろん、これから建築学科に入ろうと思っている人、ぼんやり建築に興味を持っている人等、少しでも建築学科に興味を持った人に、読んでもらいたい。

この本は、リアルな建築学生の「知りたい」という好奇心から始まっている。二〇一一年一月、学芸出版社の井口夏実さんから最初のお話をいただき、現役建築学生の建築系ラジオスタッフとともに、項目を挙げるブレストが行われた。次第にそれらはテーマに分類され、四年間のタイムラインに沿って整理され、現在の目次に近づいていった。各章のコーディネートは、建築系ラジオのコアメンバーが担当した。二〇〇九年に他界した山田幸司さんも、最後に登場している。監修の五十嵐太郎さんには、あらゆる場面で助言いただいた。各項目は、コーディネーターを通し、総勢八〇人にも及ぶ建築界のリアルな担い手に執筆いただいた。装丁は、建築学科出身のイラストレーターである寺田晶子さんにお願いをした。そして特に、編集の井口さんには、企画から世に出るまで実に根気よく丁寧に調整をしていただき、また不慣れな筆者にいつも的確なアドバイスをしていただいた。

他にも本書に関わった全ての皆様に、心から感謝申し上げたい。そして本書が、学生生活に少しでも役に立てば、これほど嬉しいことはない。願わくは、建築学生のバイブルとならんことを。

松田達

編著者紹介

〈監修者〉

五十嵐太郎（いがらし たろう）

1967年生まれ。建築批評家、建築史家、東北大学大学院教授。

〈編著者〉

松田達（まつだ たつ）

1975年生まれ。建築家、松田達建築設計事務所主宰、東京大学助教。

南泰裕（みなみ やすひろ）

1967年生まれ。建築家、国士舘大学理工学部教授、アトリエ・アンプレックス主宰。

倉方俊輔（くらかた しゅんすけ）

1971年生まれ。建築史家、大阪市立大学大学院工学研究科准教授。

北川啓介（きたがわ けいすけ）

1974年生まれ。建築家、名古屋工業大学大学院工学研究科准教授。

企画協力／建築系ラジオメンバー（2011年2月時点）

天内大樹
片田江由佳
木﨑美帆
関口達也
花房佑衣
平田りか
平野晴香
平山善雄
平郡竜志
正木哲
松岡舞
渡辺秀哉

編集協力

天内大樹
内山雄介
桂川大
柴田直美
津野晃宏
花房佑衣
守行良晃
山田ゆか

ようこそ建築学科へ！
建築的・学生生活のススメ

2014年　4月　1日　第1版第1刷発行
2024年　5月20日　第1版第8刷発行

監修者…………五十嵐太郎
編著者…………松田達・南泰裕・倉方俊輔・北川啓介
発行者…………井口夏実
発行所…………株式会社 学芸出版社
〒600-8216
京都市下京区木津屋橋通西洞院東入
電話 075-343-0811
http://www.gakugei-pub.jp/
E-mail info@gakugei-pub.jp

装丁……………フジワキデザイン
挿画……………寺田晶子
印刷・製本……モリモト印刷

ISBN 978-4-7615-1336-8